아름다운 **춤**
성령의 **춤**

아름다운 춤
성령의 춤

아름다운 춤
성령의 춤

아름다운 춤, 성령의 춤

초판 인쇄 2017년 7월 17일
초판 발행 2017년 7월 21일

지은이　　박순자
펴낸이　　진수진
펴낸곳　　혜민북스

주소　　　경기도 고양시 일산서구 하이파크 3로 61
출판등록 2013년 5월 30일 제2013-000078호
전화　　　031-955-9668
팩스　　　031-955-9669
전자우편 meko7@paran.com
홈페이지 www.haeminbooks.com

값 14,000원

아름다운 춤
성령의 춤

박순자 지음

혜민북스

책을 열며

2001년 하나님의 인도하심으로 감사와 감동으로 쓸 수 있었던 본서를 다시 출판하게 되었습니다.

본서 이후의 삶을 통해 하나님께서 베푸신 사랑과 은혜를 썼으면 하는 마음이 있었는데, 아직 때가 아닌지 지난 날 초심의 은혜의 글을 여러 사람과 나누게 되었습니다.

저도 첫사랑을 기억하고 다듬으며 나를 사랑하신 하나님, 사랑하고 계신 하나님께 감사하며 다시 보고 싶습니다.

이 글을 쓰는 순간, 창 넘어 들어오는 따스한 햇볕을 통해 하나님의 사랑을 느낍니다. 진한 눈물은 아닐지라도 가슴 가운데에 하나님의 감동의 뜨거움과 촉촉이 적셔 주는 맑고 고운 눈물이 저의 존재와 삶을 격려하고 계십니다.

부족함도, 죄악도, 연약함도 한숨의 바람결에 날아가고 오직 여전하신 하나님의 향기 안에, 그 뜰 안에 앉아 같이 읽게 될 여러분에게도 그 크신 하나님의 사랑이 임재하시길 기원하며 소중한 이 기회를 주신 하나님께 진실로 감사드립니다.

2012년 11월
숙대 진리관 817호에서
박 순 자

저자 소개

박 순 자

숙명여자대학교 무용학과 교수
숙명여자대학교 평생교육원 선교무용과정 교수
중앙총회신학대학원대학교 기독예술과 출강
한국기독교무용학회 회장
한국무용예술학회 이사
사) Salt-pan(숙명선교회)감사
Argon Dance Association 대표
사) 한국기독교총연합회 문화예술위원회 부위원장

논문

한국 무용사를 통한 여성무용가의 위치(1992).
한국여성의 평생교육과 무용의 관계(1996).
무용교육에 있어서 선교의 필요성(2000).
동·서양 무용사를 통한 여성무용가 출현의 사회적 배경과 영향(2001).
기독교적 관점에서의 무용치료의 가능성(2003).
크리스천댄스의 사적 고찰과 그 유형에 관한 연구(2005).
무용의 미적가치관 변화의 필요성(2009).
잠언의 분석과 기독무용인의 자세(2012).

저서

《좋은 춤 추기》, 프레이즈, 2001, 2.
《좋은 춤 만들기》, 프레이즈, 2001, 2.
《21세기 기독교적 무용의 접근》, 스포츠북스, 2004.
《성서에 의한 무용창작의 완성과 조건》, 스포츠북스, 2012.

아버지 제게 주신 외 하나 그것으로 드리오니
춤으로 받으소서 몸으로 받으소서 골수 마디마디 초로 녹이시고
불을 붙이소서 혼으로 받으소서 영으로 받으소서
남기고 가신 발자국 춤으로 밟고 가도록

차례

1
하나님을 알기 전

2
신나는 하나님의 가르침

3

선교 무용을 시작하면서

다윗을 닮은 춤꾼, 박순자 교수님

만리현 성결교회 이형로 목사

세상을 창조하신 하나님, 모든 인간을 죄에서 구속하신 하나님은 우리의 찬양과 경배를 받으시기에 합당하시다. 우리는 하나님을 찬양해야만 한다(시150편). 우리가 하나님을 찬양할 수 있는 방법 중 하나는 성경에 나타나 있는 찬양 방법을 본받는 것이다. 기독교 역사에서 가장 훌륭한 찬양은 히브리인의 찬송가라 할 수 있는 시편이 될 것이다. 따라서 시편에 기록되어 있는 하나님을 찬양하는 언어들은 그리스도인이 모두 다 사용할 수 있다. 시편의 말들은 우리가 하나님을 찬양하는 데 매우 유익하다. 다윗은 '여호와는 광대하시다' 하며 하나님을 높여드릴 것을 강권하고 있다(시34:3). 다윗은 모든 영광과 세상을 창조하신 창조주 하나님, 모든 인간을 죄에서 구속하신 하나님은 우리의 찬양과 능력과 존귀를 하나님께 돌리고 있다(시29:1, 21). 우리는 하나님의 교훈과 그 안에서의 승리, 혹은 구원으로 인해 기뻐하며 즐거워 할 수 있다(시19:8, 20:5). 우리는 하나님께서 우리에게 주시는 은혜(시103:1-5), 그분의 창조 능력과 솜씨(시104편)에 대해 하나님을 송축할 수 있다. 우리는 감사함으로 여호와의 궁정에 들어갈 뿐 아니라 찬송함으로 들어간다(시100:4).

우리는 말로 하나님을 찬양할 뿐 아니라 몸 동작으로 하나님을 찬양할 수 있다. 하나님을 찬양하는 자의 자세나 온 몸의 동작과 표현은 그의 내적인 태도를 나타낸다. 마찬가지로 시편 기자들이 하나님을 향한 찬양의 표현으로 보여준 열정적인 몸 동작은 오늘 우리에게는 하나님을 찬양하는 또 하나의 수단이 된다. 시편 기자는 하나님을 찬양하는데 손뼉을 치고(시47:1), 즐거운 소리를 내며(시66:1), 손을 들어 올리고(시63:4), 심지어는 춤까지 출 것(시150:4)을 명하거나 자신이 그렇게 하겠다고 말한다. 그리고 그는 큰 소리 나는 악기를 통해서도 하나님을 찬양할 것을 요구한다(시150:3-4). 우리는 조용히 하나님을 찬양할 수 있다. 그러나 시편 기자는 우리에게 시청각적인 모든 수단을 동원하는 뜨거운 찬양의 모습을 보여 준다.

다윗은 그 자신이 하나님의 창조의 은혜와 구속의 은혜를 입술로 찬양하고 몸 동작으로 찬양하며 또한 우리에게도 그렇게 하나님을 찬양하자고 권유하고 있다. 박순자 교수님은 이런 면에서 다윗을 닮았다고 말할 수 있다. 박 교수님은 한국 선교무용단을 창단하여 춤(무용)으로 하나님을 찬양하다가 그것만으로 부족함을 느껴, 좀더 풍성하고도 온전하게 가능한 모든 것으로 하나님을 찬양하기 위해 한국 선교예술원을 세우셨다. 나는 교수님의 춤사위를 볼 때마다 여호와의 궤 앞에서 기쁨이 넘쳐 남들의 시선이나 왕으로서 자신의 체면에도 아랑곳하지 않고 덩실덩실 춤을 추었던 다윗의 춤을 연상하곤 한다. 하나님 앞에서 다윗은 자신의 이해력과 통제력을 초월한 삶에 들어섰다. 그는 신비와 영광에 다가갔다. 그래서 그는 춤을 추게 된 것이다. 사람은 보통 자아의식의 집

중 아래 몸과 마음의 균형을 유지하고 정상적인 걸음을 걷게 되지만, 그러나 무엇인가로부터 강한 감동을 느끼고 그것으로부터 의식이 지배를 받게 되면 사정은 달라진다. 하나님 사랑의 강렬한 감동과 내려 주시는 은혜의 감격이 우리의 의식을 감전시킴으로 제정신을 잃거나 너무도 충만한 의미를 발견할 때, 자아의 집착으로부터 해방될 때 우리는 춤 사위가 저절로 나온다. 다윗은 그래서 춤을 추었다. 박순자 교수님도 이러한 이유로 춤을 추는 것이리라. 나는 박 교수님의 춤 동작 하나하나에서 그의 신앙 고백을 전해 듣는 듯하고, 창조의 하나님과 구원의 하나님께 대한 은혜의 감격에서 흘러 나오는 한 방울 한 방울의 눈물을 바라보면서, 마치 한 영혼 한 영혼을 그 은혜로 초청하기 위해 자신의 영혼을 태워 녹아내리는 촛물의 뜨거움을 느낀다.

많은 경우 주님을 향한 첫사랑, 순수하고 깨끗한 믿음, 구령의 열정이 세월의 흐름 속에서 빛 바랜다는 데 문제가 있다. 그러나 지난 7년여 동안 주 안에서 교제하며 지켜본 바로는 박순자 교수님은 그 모든 것에 있어서 시종 변함이 없고 여전하다는 것을 알게 되었다. 언제 만나서 교제를 나누어 보아도 동일하게 주님을 향한 순수한 마음과 영혼을 향한 열정이 느껴진다는 것이다. 여기에 박순자 교수님의 아름다움이 있다고 생각한다.

앞으로도 계속해서 박순자 교수님의 저 영혼 깊은 곳에서 우러나오는 아름다운 춤을 통하여 하나님께 영광이 되고 많은 영혼들이 구원받게 되기를 기도 드린다.

8

하나님을 알기 전

1

어린 시절의 아름다운 추억의 조각들

부모님은 내가 네 살경부터 음악을 틀어 놓으면 혼자 흥을 내며 춤을 잘 추었다고 하셨다. 사실 누구나 좋은 음악을 들으면 춤을 추게 되는데, 자신들의 자식이라 더욱 더 재능 있게 보신 것 같다.

1955년경 시대적 배경도 보수적, 권위적, 사대주의 사상이 한창 만연하였고 나의 아버님 또한 유난히 완고하셨다던데 딸에게 무용을 가르치고 무용 연구소를 보내셨다는 것이 어찌 보면 나의 인생은 그때부터 정해진 것 같다.

요즈음은 유아 교육, 유치원 교육, 조기 교육 등이 잘 발달되어 스스로 잘하든, 못하든, 취미나, 성장 발육을 위해서, 인격 형성을 위해 여러 가지 예능 교육을 시키지만, 본인이 재능이 있다 해도 그 당시 무용에 입문하는 결정은 쉽지 않았다.

초등학교 이학년 때부터 부평 성모성당에서 최임원 선생님에게 무용을 배웠던 기억이 난다. 둥근 형 탁자에 둘러앉아 조그만 손에 북가락을 잡고 돌리기 연습을 했던 기억, 미군 부대에서 나온 듯한 아이스크림(무척 맛있었음)을 받아 먹던 기억. 십자가가 걸려 있던 곳(지금 생각하니 예배당인 듯), 그 홀에서 여러 명의 친구, 언니들과 다리 스트레치를 하던 기억, 몹시 추운 겨울날이나 비오는 날, 아파서 학교에 못 가던 날에도 학원에는 삼촌 손을 붙잡고 다니거나 때로는 엄마 등에 업혀서 다니던 일 등이 지금도 아련한 기억 속에 남아 있다.

유난히 뛰어 놀기 좋아해 집 뒤 운동장에서 선생님 놀이도 하고 저녁 해질 무렵까지 들판으로 놀러 다닌 기억이 난다. 부평서 초등학교를 다닐 때 가장 친했던 친구가 기억난다. 다소 내성적이였던 나는 그 친구가 앞장서서 즐겁게 뛰놀면 나도 덩달아서 즐겁게 놀았다. 그 친구는 지금 토론토에 살고 있고, 여성상을 받을 정도로 왕성한 사회 활동을 하고 있다.

키가 유난히 작아 초등학교 6년 동안 '앞으로 나란히'를 한 번도 해 본 적이 없는 나는 춤을 추거나 공연을 할 때면 늘 앞에 서거나 아니면 작다 하여 재롱둥이로 인정받던 기억이 난다. 특히, 어머니께서도 '도토리'가 굴러다니는 것 같다고 자주 말씀하셨으며 그후 내 별명은 자연스럽게 도토리라고 붙여졌다.

최임원 선생님! 참 따뜻한 분으로 기억한다. 사랑이 많은 분으로, 온화하고 인자하셨던 선생님의 모습이 떠오른다. 혹시 크리스천이 아니셨는지…. 그분과 만난 2년여 간의 기간을 성당에서 무용을 했었기 때문인지 믿음의 땅에서 가르치신 열매를 오늘날 맺고 있는 것이 아닐까 싶다.

상처 입은 어린 영혼

아버님이 직장을 다시 인천으로 옮기셔서 나는 4학년 때부터 신흥 초등학교를 다니게 되었다. 그때는 신포동 시장 안에 있는 무용 학원에서 배우다가 학원이 율목동으로 이전하자 계속 같은 선생님에게 배우기 위해 이사간 곳으로 따라갔다.

그 시대에는 조기 교육 붐도 없었을 때였지만 꾸준히 학원에 다니며 무용을 배울 수 있었던 것을 지금 생각하면 참으로 복이 많았다고 생각된다. 또 어린 시절 내게 무용으로 영향을 주었던 선생님은 큰언니의 친구인데, 지금도 인천 무용계에서 크게 활약 중이시다.

인천에서 무용 학원을 다닐 때부터 나는 그렇게 좋아하던 무용을 통하여 서서히 마음의 아픔을 겪기 시작했다. 이때 겪었던 갈등은 같이 무용을 하던 친구들의 시기, 질투와 돈에 대한 문제였다.

내게는 무용 순서를 유난히 빨리 외우고 순서를 잘 따라하는 재주가 남달리 있었던 것 같았다. 그래서 친구들에게는 미움을 받았고 무용 선생님들은 순서를 다 외워서 가르칠 것도 없을 정도였는데 지도비를 꼭 받으려 했기 때문에 어린 마음에 그 선생님들이 좀 이상하게 여겨졌다(지금은 이해가 가지만).

특별히, 지금도 기억나는 것은 북춤을 배울 때인데 집안 형편이 여의치 않아 어머니는 선생님께 모든 순서를 잘 익히고 잘 따라 하니 지도비를 좀 덜 내게 해 주시면 안되겠느냐고 부탁드렸던 것 같다. 그때 거절을 하는 선생님들의 모습 속에서 돈에 집착하는 모습을 보며 서서히 부정적인 생각이 싹트기 시작했다.

그런 안 좋았던 기억이 있는가 하면 친구하고 북을 치면 내가 치는 북 속도가 너무 빨라서 옆의 친구가 울상이 되어 나와 치기를 꺼려 했는데, 그 친구와 모든 것을 맞추려고 나름대로 노력했지만 일단 장고 반주와 더불어 북을 치기 시작하면 신명이 나서 절로 흥분했던, 절제를 못했던 기억 또한 새롭다.

또, 서울에서 열리는 콩쿠르를 같은 무용 학원 친구와 참가하여 발표 결과는 분명히 내가 우수한 것으로 알고 집으로 돌아왔는데 그 이튿날 가보니 수상 순위가 바뀌어 있었던 것을 기억한다. 그 이유를 알아보니 돈을 썼기 때문에 밀려난 것이라는 것이었다. 그때 어머니와 함께 입상 순위가 바뀐 내용을 알고자 선생님 댁을 찾아갔지만 선생님은 우리를 이상한 사람처럼 취급하시며 돌려 보내셨다. 지금도 선생님 댁의 어두운 골목에서 어머니와 선생님의 이야기하시던 모습이 생생하다.

키가 유난히 작아 초등학교 6년 동안 '앞으로 나란히'를
한 번도 해 본 적이 없는 나는 공연을 할 때면 늘 앞에 섰다.
특히 어머니께서 '도토리'가 굴러다니는 것 같다고
자주 말씀하셔서 내 별명은 자연스럽게 도토리가 되었다.

그리고 그 상장을 찢었던 기억이 나며 그래도 수고한 것을 기억하며 찢어진 상장을 다시 모아 두었던 아픈 기억이 있다.

이러한 일들로 인하여 어린 마음에도 무용이나 무용인들에 대한 부정적인 생각이 자리하기 시작한 것 같다. 그러나 꾸준히 해서 6학년 때는 경기도 콩쿠르에 나가 우수한 성적으로 입상하였다.

중고등부 때의 무용 활동

무용이라는 특기로 인천에서도 들어가기 힘든 인천여중에 특기생으로 입학을 하게 되었다. 그러나 왠지 특기자로 들어간 것으로 인해 공부를 못해 무용 실력으로만 들어온 것 같은 자격지심이 생겨 성적에 관계없이 아이들과 어울리지 못하고 늘 책을 읽곤 하였다.

중학교에서 만난 무용 선생님은 이종례 선생님이다. 이때만 해도 인천 지역에 있는 여중의 무용부는 활약이 컸다. 인천여중, 박문여중, 선화여중 등 콩쿠르가 개최될 때면 각 학교마다의 열의는 이루 말할 수가 없었으며 그 콩쿠르때마다 입상을 하여 인천의 무용 전공생들이 거의 다 알아줄 정도로 실력을 인정받게 되었다. 중2 때, 1등이 없는 2등으로 발레에서도 우승을 하기도 하여서 한국무용과 더불어 발레에서도 재능을 인정받았다.

이종례 선생님은 중등부 무용 특별반 반장을 나를 시키셨고 무척 사랑해 주셨다. 언젠가, 손톱 등에 꺼실꺼실하게 살이 일어난 것을 보고 "넌 무엇을 먹니? 무얼 좋아하니? 음식을 뭘 먹니? 많이 먹도록 해라. 엄마가 주로 무엇을 해 주시니?"라는 말씀과 배려로 자상하게 사랑을 베풀어 주셨다. 또 늘 선생님은 본인의 팔 길이보다 긴 스웨터를 입으셨던 것이 기억에 남는다.

한번은 나의 무용 실력을 인정하셨던지 서울에 있는 송범 선생님 연구소에 가보라고 하셔서 갔었는데, 그후 정확한 이유는 기억이 나질 않으나 서울에 가질 않았다. 나는 별명이 고무다리나 막대기라고 할 정도로 살이 없는 날씬한 몸매와 유연한 몸을 갖고 있었고, 그 당시 발레도 무척 잘 하는 편에 속해서 서울에 보내셨던 것 같다. 그러나, 그러한 사랑을 받은지 몇 년 되지 않아 애석하게도 이종례 선생님은 결혼하시고 나서 백혈병에 걸리셔서 아기 출산 이후 병마와 싸우다가 돌아가셨다. 불쌍한 무용 선생님으로 나의 기억 중에 남아 계신다.

그 당시 무용 전공자들이 인천에 많았으며, 서울 이대 콩쿠르에도 많이 참가했다. 고등학교도 인천에서 제일 좋은 인일여고를 무용 특기자로 입학을 했고 무용을 꾸준히 하다보니 무용반 반장도 하고 후배들 작품도 만들어 주어 콩쿠르를 내보낼 정도로 겁 없이 무용을 하였으며, 고2 때는 경기도 콩쿠르에서 종합 우승을 하게 되었다. 또, 이대 콩쿠르를 나갔을 때, 인천팀 중에서 유일하게 나 혼자 본선에 진출하여 다른 학생들에게 부러움을 샀지만 본선에서 탈락했던, 안타깝지만 자랑스러웠던 일도 있었다.

고2 때였다. 학교 성적이 하위권으로 떨어져 자존심이 상해 울고 있을 때 담임 선생님이 다가 오셔서 "너는 무용을 잘 하니까 괜찮다"고 말씀하셨는데 내게는 큰 위로가 되었다. 그뿐 아니라 걸레질이나 걸레를 빠는 일도 무용하는 사람의 손이 거칠어지면 못쓴다고 못하게 하시며 깊은 사랑을 보여주셨던 담임 선생님이 내게는 진정 소중한 분으로 남아있다. 그러나 무용을 하며 점점 성적이 떨어지기 시작하면서 자부심도 사라지고 말수도 적어지는 등 왠지 의기 소침한 고교시절이었음을 떠올리게 된다. 그러나 아침 일찍 도서관에 가서 영어 단어를 외우며 암기 과목을 꾸준히 하였고 밤늦게는 무용 연습을 하면서 고교3년 생활을 무사히 마쳤다.

만남의 축복 속으로 : 대학시절

고3때, 담임 선생님께서 이대 무용과를 가도 좋다고 하셨지만 부모님의 권유로 숙명여대를 지원하였고, 큰 무리 없이 입학을 하였다. 대학4년의 생활 가운데 한 번의 입학금을 낸 후 대학원 졸업 때까지 학비를 한 번도 내지 않고 장학생으로 졸업을 하게 되었다. 신기할 정도로 열심히 하는 대로 모든 일이 잘 되었던 학창 시절이었다. 또 재학 시절 매 학기 시험만 끝나면 항상 신나는 꿈을 꾸었다. 큰 애드벌룬에 매달려 하늘 높이 올라가든지, 아니면 풍선에 매달려 발을 차면서 다른 풍선보다 높이 오르는 기분 좋은 꿈이었다. 꿈을 믿지 않으려 했지만 난 그 꿈처럼 항상 1등을 하였다. 정말 기분 좋은 나날들이었다. 그러나 대학2년 때부터 기울어진 가정 사정으로 여러 가지 어려움도 있었지만 그 어려움도 젊음이라는 좋은 무기가 있어서였는지 철없이 잘 지낼 수 있었다.

대학 시절 훌륭한 교수님들에게 많이 배웠지만 특별히 스페인에서 오신 선생님과의 만남은 나의 인생에 아름다움을 심어주셨던 계기가 되었다. 숙명여대 무용과 학생 가운데 8명 정도를 선발해서 스페인 발레를 배우게 했는데, 이때 내가 뽑혀서 다녔다. 이 당시에 숙명여대는 체육과 내에 무용과가 있었기 때문에 대학 생활, 대학원에 이르도록 한국무용, 발레, 현대무용 등 각 장르별로 꾸준히 하였으며 이때 뽑힌 학생은 아마 4학년 중 조금 실기가 우수하고 성실한 학생을 뽑은 것으로 기억한다. 전혀 생소한 무용에 생소한 스타일의 선생님, 교육 환경 등, 모든 것이 어색했지만 3년간 다니면서 큰 사랑을 받게 되었다. 무용을 참 사랑하시는 모습, 무용하는 제자들을 참 사랑하시는 그 모습에서 나와 학생들에게 신선한 충격과 감동을 주셨고, 지금도 무용을 참 사랑하시는 선생님으로 여전히 마음속에 자리잡고 계시다. 지금도 이상하게 선교 무용 공연 때가 되면 스페인에서 들어오셔서 함께 무용하시고, 격려사도 써주시는 그 인연은 무엇일까? 역시 난 하나님의 은혜라고 믿을 수밖에 없다(그 선생님은 목사님의 손녀였다고 하셨음).

대학을 문리대 수석으로 졸업하고(체육과 무용 전공 학생이 큰 상을 받아 교수님들도 좋아하셨고, 부모님도 믿지 않으실 정도로 기뻐하셨다), 대학원도 교수님들이 나 자신 이상으로 인정해 주셔서 장학금을 받고 다녔으며 대학원 입학한 지 얼마 되지 않아 서울 시립 무용단 수석으로 취직도 하게 되었다.

무용단 생활과 결혼

무용과 교수님은 대학원 재학 중 국립 발레단에 입단하길 원하셔서 연수 단원으로 들어가서 훈련을 받도록 해 주셨는데 나는 가정 형편도 어렵고, 토슈즈를 신고 발레하는 것보다 신명나게 추는 한국무용이 좋아서 한국무용을 출 수 있는 곳으로 직장을 선택하였다. 이때 교수님과 대학원 장학금을 주셨던 동문

大學 신기할 정도로 열심히 하는 대로 모든 일이 잘 되었던 학창 시절이었다.
매 학기 시험만 끝나면 큰 애드벌룬에 매달려 하늘 높이 올라가는
기분 좋은 꿈을 꾸었다. 정말 기분 좋은 나날들이었다.
가정 사정으로 어려움도 있었지만 젊어선지 그리 문제되지 않았다.

님들이 나를 많이 설득하셨지만 나는 끝까지 고집을 꺾지 않았다. 지금 생각해 보면 그분들께 너무 죄송하지만 나의 선택에 큰 후회는 없다. 대학에 입학하고 결혼 초까지 부족한 나를 아껴주신 분 가운데 특별히 정송자 교수님의 사랑에 감사드린다. 가끔 교회를 데리고 가시며 딸 같이 사랑해 주셨는데, 나는 가정 형편상 그분의 모든 지도를 기꺼이 받아들이지 못했으며, 교회도 관심을 갖지 못했다. 결혼 후, 첫 아이를 가졌을 때 그분은 하늘 나라로 가셨다. 나의 성실함을 크게 인정하시고 항상 잘 되기를 바라셨던 교수님이셨다. 이 글을 통해서 나마 다시 한 번 내 기억 속에서 사라져서는 안될 감사함을 교수님께 전하고 싶다.

서울 시립 무용단 문일지 단장님 역시 나를 많이 신뢰하셨고, 나 또한 흡족한 무용단 생활을 하였다. 무용단 생활 2년 정도가 되었을 때, 난 결혼을 하게 되었고 결혼 이후 점차 어려움을 겪게 되었다. 결혼 전까지는 어떠한 역경에서도 어려움을 모르고 순탄하게 생활을 하였었는데 결혼 후에는 노력의 노력을 다하여도 가정에도, 내게도, 남편에게도 진정한 기쁨이 오지 않았다. 참으로 최선을 다하면 잘 될것이라는 자기 중심적인 생각과 노력은 한계를 가져오게 되었고 인생에 있어 큰 절망의 시간을 갖게 되었다. 할 수 없이 남편에게 허락을 받고 집에서 가장 가까운 교회를 다니게 되었다.

사실상 믿음이 무엇인지도 모르고 마음이 착잡해 어디엔가 의지하고 싶다는 생각과 좋은 말씀으로 위로 받고 싶은 마음에 다니게 되었다. 믿음 생활을 7년 정도 하는 동안에 성경을 읽는다든지, 성경 공부를 하러 다닌다든지, 구역 예배, 새벽 기도, 철야 기도 등 모든 것이 나와는 거리가 먼 상관이 없는 일들이었다. 참으로 이상했던 것은 단 한 사람도 내게 올바른 믿음의 길을 전한 사람이 없었다는 사실이다.

동면하는 개구리 시절

9년 정도의 서울 시립 무용단 생활을 마치고 김진걸 선생님(당시 한국 무용 협회장 · 한성대 교수)의 소개로 인천교대 전임 강사로 취직이 되어 1년 정도 다닐 즈음, 남편이 인도 봄베이로 해외 근무를 하게 되었다. 당시에 난 한국 무용 아카데미(서울 시립 무용 단원들 무용 모임) 초대 회장과 설무리(숙명여대 무용 전공 모임) 초대 회장 등을 지내며 무척 분주한 생활을 했다. 남편이 봄베이로 파견 근무를 나갈 때, 무용하는 사람들의 불규칙하고 과다한 무용 연습 및 공연으로 인하여 오는 가정 생활의 불안정,불성실 등에 그는 피곤함을 느낄 때였기에 큰 아쉬움 없이 떨어져 살게 되었다. 그래도 부부는 같이 살아야 한다는 마음에 나는 봄베이 대학 교환 교수로 재직할 수 있도록 준비를 하기 시작하였다. 거의 떠날 준비가 되었을 때, 숙명여대에서 교수 공채가 있었고, 나는 남편과 의논 끝에 모교인 숙명여대에 서류를 제출하기로 하였다.

그러나 그 일이 엄청난 환난을 가져올 줄 누가 알았을까?

인도로 가기 위해 몇 년간 못 볼 제자들과 송별 공연을 준비하며 한편으로는 숙명여대에 서류를 내는 와중에 모교인 숙명여대에서 나를 반대하는 상황이 벌어져서 약 한달간 집에서 두문불출하고 침묵을 지켜야 했다. 사실 나는 조용히 서류를 제출하였는데 크나큰 반대로 인해 나의 미숙한 점이라든지 사회를 처음 경험하게 되는 잊지 못할 시기이기도 하였다.

인천교대에서는 나름대로 말없이 학교를 떠나려 했던 것에 대하여 서운해들 하였고 모교 숙명여대에서는 찬반 의견이 팽팽히 맞서는 상황에서 나의 입장은 너무도 난처하게 되었다. 새삼스럽게 나의 존재가 이렇게 중요한 위치에 있었던가, 나의 존재가 그 누구에게 이렇게 불편한 존재였던가 등등 착잡함을 금할 길이 없을 정도로 어려운 입장이었다. 회오리 바람은 세차게 불었다.

내가 서류를 제출하고 가고 싶은데 가면 된다는 생각과 이러한 일들은 비밀리에 이루어져야 한다는 세상적 생각(사실은 그것이 법칙상 맞는 논리라고 생각했다)이 아무런 마음의 거리낌을 주지 않았으나 이때 하나님께서 곧 사람과 사람과의 관계가 무척 인간적으로 다루어졌어야 한다는 참으로 중요한 부분을 깨닫게 해주셨다.

어찌 되었던지 긴 침묵의 시간은 나로 동면하는 개구리와 같이 만들었고, 일의 결과는 당사자인 내가 제외된 제3자 간의 결정으로 결국 나는 모교 대학에 들어가게 되었다.

그때 주변의 말을 빌리자면 박순자의 배경이 대단하다라고 했다는데 나는 교회는 다녔지만 하나님께 기도할 줄 아는 사람도 아니었고 사실상 뒷거래를 하는 사람도 아니었다. 그러나 세상 민심은 아니 땐 굴뚝에 연기도 났으며 발 없는 말이 천리도 간다는 말을 무색케 할 정도로 진실이 아닌 내용이 진실처럼 무용계를 소란케 하였다.

인천교대에서 참으로 열심히 그리고 기쁘게 생활하고 가르쳤으며, 열심히 하면 성적을 잘 준다는 말에 최선을 다하던 훌륭한 학생들, 그 순종적인 학생들 사이에 만족함이 넘쳤던 나를 왜 숙명여대로 가게 하셨을까? 아마도 참 교육을 깨닫게 하시기 위해서 일거라는 생각을 했었다.

누가 내게 그런 맘을, 그런 생각을 하도록 했을까.

지금 분명히 말할 수 있는 것은 하나님께서 그러한 계획 아래 나를 인도하셨다고 이야기할 수 있다(그 당시는 전혀 몰랐지만).

힘들었던 모교 재직 시절

우여곡절 끝에 본교에 재직하게 된 나는 들어가서 1년 반 동안 참으로 볼품없이 살았다. 네 살부터 초, 중, 고, 대학을 거치면서 우월감 속에서 무용을 하였고, 서울 시립 무용단 수석 무용수로 9년, 인기 있는 인천교대 교수 생활을 거쳐서 한국무용 아카데미 초대 회장, 설무리 초대 회장. 제5회 대한 민국 무용제 안무상 수상 등, 한국무용 창작에 별과 같이 떴던 내가 숙명여대 모교로 가면서 전공을 발레로 바꾸고(서류상 대학원 졸업이 현대무용, 발레 전공으로 되어 있었고, 실제로 그렇게 졸업하였기 때문에 공채에 외국 무용 부문으로 들어감) 무용계의 손가락질을 받았다. 워낙 시끄럽게 들어갔기 때문에 그 환경에서 제자들을 교육하고 적응하는 모든 것이 원만하지 못하였고, 어색하고, 부담스러웠다. 또 반대하던 사람들과 근무하려니 그 관계 또한 원만하지 못했다.

대학원 재학 당시 발레단에서 연수시키려고 하셨던 교수님의 깊은 뜻을 헤아리지 못하고 한국무용으로 내 살길만 찾았던 서울 시립 무용단 생활 이후, 난 다시 숙명여대 모교에 발레 교수로 들어왔던 것이다.

이러한 상황을 누가 곱게 보아 줄 수 있었겠는가. 지금 내가 생각해도 법칙이나 자격도 중요하지만, 상식적이고 순리대로 인생을 살아야 했는데 참으로 어려운 일을 스스로 자처했다는 생각이 든다.

곱지 않은 눈초리와 분위기 속에서 1년 반 지내고, 헤어져 살던 남편을 만나기 위해 파리 국제 예술 대회(이단종교 후원)를 참석했다가 봄베이로 가서 남편을 만나고 귀국하였을 때 나로서는 전혀 상상치 못할 일이 벌어졌다.

무용과에 재직 중이시던 교수님이 갑자기 나가셨고, 무용과는 뒤숭숭한 상태에서 나의 위치나 입장이 묘한 상황이었다. 왜 교수님이 나가셨을까. 이해가 되지 않아 여기 저기 알아보았지만 아무도 내게 그 이유를 설명해 주는 사람은 없었다. 학교는 오직 이제 전임 교수가 혼자이니 학과를 선임자로서 잘 관리하라는 말만 하였고, 난 혼자 난감한 상태에 빠지게 되었다.

이때 난 다시 큰 구덩이에 빠졌다. 원래 한국무용을 하다가 발레로 들어와서 지낸 1년 반이 너무도 힘들었는데 먼저 계셨던 전임 교수님도 나가셨고, 이제 전임 교수로 나만 남아 있으니 내가 선임자이며 선임자 중심으로 학과를 운영할 수 있고, 또한 그간 못했던 한국무용을 고려해도 좋다는 말에 마음의 변화가 일어나고 있었다. 이때, 이 변화는 올바른 변화이었고 나의 양심 선언이었다고 해도 과언이 아니었다.

발레를 계속해서 연구하며 노력하면 잘 가르칠 수 있을 것이라는 생각도 있었지만, 한국무용으로 활동하던 내가 숙명여대로 들어와 발레로 활동한다는 것은 학생들에게도 내게도 참으로 어려웠기에 이런 기회에 옮기는 것이 좋다라는 판단 하에 내면적으로 서서히 바꾸려고 하였는데 이것이 또다시 나에게 큰 환난이 되었던 것이다.

환난의 시작

 학생 몇 명이 내게 찾아와서 전임 교수님이 나가시게된 일에 대해 물었다. 나는 내가 아는 대로 솔직히 이야기했고 앞으로 내가 한국무용을 맡게 될 것이라는 이야기까지 철없이(?) 했다. 이튿날 학교에 가보니 무용과생들(졸업생 포함)의 농성이 시작된 것이다. 농성의 핵심 내용은 "박순자 교수가 자신의 유익을 위해 전임 교수님을 내보냈다"는 것이 주 내용이었다. 1년 반 전에 무용계가 내가 숙명여대 들어오는 일로 시끌시끌하더니 이제는 숙명여대 내에서 무용과 학생들이 나를 대상으로 농성을 하다니….

 날벼락이요, 청천벽력이었다. 나는 사실상 모든 일의 내용을 자세히 알지도 못했을 뿐 아니라, 거의 모든 것이 학교에서 시키는대로 한 것뿐인데…. 어떻게 해야 할지를 몰랐다. 나는 학교에서 무슨 해명이 있으려니, 학교에서 해결을 해주려니 하는 생각으로 가만히 있었는데 실제로는 모든 것이 나 혼자 책임져야 하는 일로 돌아가고 있었다.

 하늘이 노랬다. 외국에 갔다가 들어와서 채 하루도 쉬지 못하고 가정도 돌보지 못하고 아이들만 덩그러니 있는데 이 일을 어떻게 하면 좋을까. 가까스로 정신을 차리고 잠시 집에 가서 옷 갈아입고 다시 학교로 돌아와 학교를 지키며 무용과 학생들의 반응을 보고, 보직 교수들이 회의하자고 하면 난 불려 다녔다. 학교 건물 벽과 바닥에는 나의 잘못에 대한 대자보가 붙고 무용과 생들은 꽹과리를 들고 농성하고, 총학생회 임원들까지 와서 사실 여부를 추궁했다. 처음에는 나와 무관하다는 생각에 목을 곧추 세우고 다니던 내가, 점점 움츠러들기 시작했다.

이러한 환경이 계기가 되어서 나는 성경을 읽으며, 그동안 몰랐던 하나님의 존재하심과 역사하심을 알게 되었다.

이 일에는 전적으로 하나님이 개입하셨다는 생각이 분명히 들기 시작했으며, 연구실에 내버려두었던 성경에 손이 가기 시작하는 은혜가 임하면서 지속적으로 성경을 읽었다.

"하나님 저는 죄인입니다. 저 대자보 내용에 저를 비인간적인 사람이라고 했던가요. 제가 사실로 이 무용과 일에는 정말로 잘못한 일이 없다 할지라도, 교수님을 내가 쫓아내지 않았다 할지라도, 저는 분명히 이 시간 제가 죄인임을 고백합니다. 세상이, 남이 알지 못하는 큰 죄악 속에 있는 저입니다. 가정에서 내가 얼마나 형식적이고 의무적인 생활만 했나요. 나를 진정 필요로 하는 내 남편, 내 아이들에게 얼마나 소홀했나요. 돈이 필요하면 돈을 주고, 먹을 것이 필요하면 먹을 것을 주고, 그들이 나의 음성을 듣기를 원할 때 잠시 전화로 사랑한다고 말하면 만족할 것이라고 생각한 내가 얼마나 비인간적입니까. 저들에게 필요한 것은 나의 사랑과 관심이었고 생명을 소중히 여기는 마음이었는데 나는 반대로 남편의 사랑을 못 받는다고 내가 그를 위해 해준 만큼 인정해 주지 않는다고 남편을 얼마나 원망했던가. 무용한다고 집을 비우고 밤을 새는 일을 떡 먹듯이 하고 가족들에게 못 베푼 사랑을 무용하는 제자들에게 오히려 아낌없이 주며 내 본분을 잃고 밤길을 헤매고, 탕자의 길이 멋있는 인생의 길이라고 착각하며 주인 없는 사람처럼 휘청거리며 세상 사람이 던져주는 추파에 얼마나 내가 거들먹거리며 살았던가요. 숙명여대생들에게는 마음 문을 열지 않고 시간만 채우면서 보내고 참사랑하며 대화를 하지 않았습니다. 또한 마음속 깊이 성실한 학생들과 그렇지 못한 학생들을 비교하며 정죄하였고, 옳고 그름만 따졌던 차디찬 저였습니다."

"세상과 짝하며 가장 모범적인 것 같이 보이며 살았던 제가 위선자입니다."

이러한 고백이 절로 나오기 시작하며 신약 성경을 쉴새없이 읽어 내려갔다. 참으로 내가 읽은 것이 아니라 하나님께서 읽을 수 있도록 이끌어주셨다.

약2주간에 걸쳐 학교에서 거의 잠을 자고 금식 기도하며(어느 후배가 이단 종교 후원으로 외국에 갔다온 것을 회개하라고 하였고, 그곳에 갔을 때의 자료도 일체 없애는 것이 좋겠다고 하여 없앰) 밥도 제대로 먹지 못하였다.

참으로 몰골이 말이 아니었다(무용과 제자 3명이 고맙게도 나의 연구실을 떠나지 않고 보살펴 주었다. 참으로 고마운 제자들이다). 성경을 읽는 과정에 너무도 마음이 답답하여서 내가 출석하는 교회 목사님을 만나뵈러 갔다. 마음이 급해지니까 목사님도 만나려고 했지만 뜻대로 되지 않았다. 수요예배를 드리는데 평소 내가 어렵게 생각하던 전도사님께서 말씀을 전하셨다. 그리고 대학부 찬양팀이 찬양을 하는데 내 마음속에 어떤 확신이 오는 것이었다. "바로 대학부 담당이신 저분과 의논해야겠다"는 생각이 들어서 나는 어렵지만 예배 끝난 후 전도사님께 면담 요청을 하였다. 사전 약속 없이는 면담을 안 하신다는 말씀을 하시면서도 기꺼이 나에게 시간을 내주셨다. 하나님의 인도함이었다. 자초지종을 다 이야기하고 나니 '겸손'하라고 이야기하셨다.

겸손할 때 모든 일을 해결해 주신다고 말씀해 주셨다. 그리고 전도사님께서는 "하나님께서 나를 참 사랑하시고, 가정도, 아이들도 어려운 상황인데 때마침 하나님께서 잘 인도해 주셨다"라고 말씀하셨다.

그리고 난생처음 안수 기도를 받았다. 기도 받을 때 흘린 눈물, 콧물은 말로 표현할 수 없을 정도의 것이었다. 모든 것이 무너지는 듯한 느낌이었으나, 마음에는 평안함이 깃들었다.

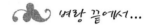 여행 끝에서…

느낌에 성경을 다 읽고 나면 모든 일이 어떻게든 끝날 것이라는 생각이 들었다. 성경을 다 읽고 나는 집으로 돌아가서 집안 구석구석을 다 정리하기 시작했다. 성경을 읽으면서 나는 나를 포기하고, 세상을 포기하고 무엇인가 새로이 시작해야겠다고 생각을 하며 나의 현실을 보았을 때, 난 너무 절망적이었다. 만약 결과가 너무 내게 치명적이라면 나는 어떻게 해야 하나? "그렇다. 나의 진실을 알리는 일은 죽음이다"라는 생각을 가지게 되었다.

그래서 난 죽음이라는 것을 서서히 생각하며 하나, 둘씩 정리하였다. 어떻게 죽나, 방법은, 어디서, 장소는… 흐르는 눈물을 걷잡을 수 없었다.

난 부모님 앞에 이렇게 부끄럽게 살지 않았는데 부모님을 욕되게 할 수 없는데, 난 내 자신 앞에 이렇게 수치스러운 인생을 산다는 것을 허락한 적이 없는데, 내 자존심이 허락지 않는데 무너져 내리는 자존심. 내 가족들에게 이러한 모습으로 설 수 없는데, 무용이 무엇이고 교수가 무엇이기에 내가 이러한 모습으로 있을까? 왜 이 상황까지 내가 왔단 말인가? 불쌍한 내 모습을 생각하며 더욱 죽음을 생각했었다.

때마침 학교에서 전화가 왔다. 학교 회의에 참석하라는 소식이었다. 내심 기뻤다. 아! 하나님께서는 내가 죽기로까지 마음을 먹으니 이제 해결하시나 보다라는 희망을 가진 것이었다.

회의 자리에 내가 앉았지만 결론은 나지 않은 상태였다. 사실 여부를 알기를 원했고 어떻게 하면 좋은지 토론만 했다. 상황을 보니 구태여 나의 변명, 해명이 필요 없겠다는 생각이 들어 모든 책임은 내게 있다고 이야기하고 연구실로 돌아왔다.

사실 그랬다.

내 몸 하나도 추스릴 수 없었던 그때, 아무 것도 모르며 내게만 덤벼드는 그 후배, 제자들을 오히려 생각하며 '무엇이 저들을 저렇게 만들었을까'라고 생각한 결과, 내가 짧은 재직 시간이었지만 저들 앞에 담대히 사랑으로 다가가지 못했던 그 책임, 많은 선배들과 부모가 올바른 것에 대해 교육하지 못한 책임을, 어찌 되었든지 간에 현직 교수요, 선배로서 책임을 져야 한다고 생각했다. 그래서 나는 집에도 들어가지 않고 밤새워 데모하는 그 몇 명 학생들의 안전 때문에 나 또한 밤을 새웠는지 모른다. 아니 정말로 마지막 남은 그 책임, 그 사랑 때문에 난 그들과 함께 밤을 지새웠다고 생각한다.

때로는 나는 모교 교수를 당장 그만둘까도 생각했지만, 그만두려다가도 나는 나 나름대로의 책임을 다하고 싶은 생각이 들었다.

그것이 그들을 향한 나의 진실한 사랑의 표현이었을 것이다. 그러나 무용과 학생들은 연구실까지 꽹과리를 들고 농성하러오고 끝까지 자신들의 뜻을 굽히지 않았다. "박순자 교수는 무용과 교수로 있을 수 없다"라는 그들의 외침이 나에게는 너무도 가혹했지만 나는 나를 포기하고 학교의 결정만 기다렸다.

잠시 후, 휴직이라는 소식이 들려왔다.

거듭 태어난 그날…

슬픔, 억울함과 한편으로는 감사, 다행이라는 엇갈리는 감정을 어찌 정리할 수 있을까? 휴직서에 도장을 찍는데… 9월 25일이었다. 나의 생일은 음력 9월 25일인데 그날은 양력 9월 25일이었다. 그 순간 나는 내가 거듭 태어나는 날이라고 생각했다. 현재까지도 나는 양력 9월 25일을 내 생일로 지낸다.

그나마 그렇게 결정짓기까지 수고하신 두 분이 계셨다. 정년 퇴임을 얼마 남겨 놓지 않으셨던 노 교수님 두 분이 나를 위해 본인들의 처지를 생각지 않으시고 가급적 순탄한 결정을 짓는데 최선을 다해 노력하셨다. 그분들께 감사드린다. 또 그렇게 긴 시간 연구실에서 함께 고생한 3명의 어린 제자에게도 감사한다. 죽으려고 했던 나에게 '휴직'이라는 것은 안도의 숨과 같은 것이 되었다. 마치 지푸라기 같은 것이었지만 내 생명을 건져내기에 흡족한 것이었다.

이러한 과정을 통해서 난 진정 거듭 태어나는 제2의 인생을 걷게 되었다.

"영접하는 자 곧 그 이름을 믿는 자들에게는 하나님의 자녀가 되는 권세를 주셨으니 이는 혈통으로나 육정으로나 사람의 뜻으로 나지 아니하고 오직 하나님께로서 난 자들이니라"(요1:12-13).

이러한 고통의 시간을 보내는 동안 부모님 모르게 가급적 혼자 하나님께만 아뢰면서 해결하도록 하여 주신 하나님, 나의 주변 사람들이 안타까워서 법적으로 해결하려던 일조차 물리치게 하시고 순전히 하나님만 바라보게 하셨던 하나님, 하나님께서는 나를 하나님의 자녀로 삼으시는데 성공하셨다. 좋으신 하나님을 찬양합니다.

과실을 맺는 가지로 준비시키는 하나님

하나님을 만나고 학교를 휴직한 후 다 지쳐버린 몸을 이끌고 병원에 입원하였다. 의사들이 머리끝에서 발끝까지 진찰하는데 난 하나님 앞에서 모두 점검을 받는다는 생각을 하였다. 결혼하고, 아이를 둘 낳고 이 시간에 이르도록 단 한 번도 제대로 된 휴식을 취해보지 못했던 내가, 이런 일을 계기로 입원도 하고 진찰을 받으니 생각지 않던 큰 은혜였다. 먹은 것도 없이 헛구역질이 나고 불면증으로 밤새 잠을 못 자는 괴로운 시간이었지만 지난 인생을 생각하게 하는 시간이었다.

입원하고 며칠 후에 학교에서 소식이 왔는데 휴직 기간이 종전보다 길어졌다는 것이다. 난 성경을 읽으며 그 긴 시간 고통 속에서 내가 죄인이라고 고백하며 겸손해야 된다라는 말씀으로 이곳까지 왔음에도 불구하고 나는 그 소식을 듣고는 다시 실망과 분노가 끓어올랐다. 이런 혈기로 인하여 나는 목이 앞으로 굽어져서 이틀 동안 고개를 들지 못했던 모습이 떠오른다.

하나님이 그리하셨다. 아직도 내게 무슨 그리 혈기가 있는지, 분함이 있는지 난 그 몸을 이끌고 외출증을 받아서 밤늦게 학교 관계자를 만나러 가는 극성까지 부렸다. 내가 그들에게 앞뒤가 안 맞게 일을 한다고 따지러 간 나였지만 사실상 하나님 보시기에 내가 앞뒤가 안 맞는 행동을 한 것이었다. 죽을 수밖에 없는 자를 살려주셨는데도 또 나의 의가 불현듯 올라오다니….

관계자와 만난 일의 결과는 예정보다 몇 개월 더 휴직하는 것이었다. 할 말을 했으니 체념을 할 수밖에 없었다.

고통 가운데 함께 하시는 하나님

분노가 잠잠해지고 넋을 잃고 잠 못 이루는 날을 며칠을 보내면서 나는 이상한 경험을 하였다. 침대에 누워 있는데 등과 가슴으로 불화살 같은 것이 너무도 빠른 속도로 소리를 내며 지속적으로 날아다니는 것이었다. 마치 프라이팬에 생고기를 올려 놓았을 때 튀기는 모습으로 난 섬칫섬칫 놀라서 더 이상 누워 있을 수가 없었다. 괴로워하며 수면제나 안정제 주사를 맞아도 뜬눈으로 새웠다. 바로 병원 앞에 교회가 있었는데 새벽을 알리는 종소리를 듣는 순간 일어나 앉아 나도 모르게 그 쪽을 향하여 무릎을 꿇었다. 마음이 부드럽고 침착해졌으며 무언가를 기도하였다.

숙명여대 본관 1020호 연구실!

그곳에서 성경을 읽으며 말씀 가운데 만났던 살아 계신 하나님. 바람으로 응답하시고 수시로 내게 다가오셨던 그 하나님을 난 병원에 입원하면서 성경책을 머리맡에 놓고 있으면서도 잊어버렸던 것이다.

다시 하나님은 내게 잠언 6장 10, 11절 말씀으로 깨어 있도록 하셨다.

"좀더 자자 좀더 졸자 손을 모으고 좀더 눕자 하면 네 빈궁이 강도같이 오며 네 곤핍이 군사같이 이르리라"

기도를 어떻게 하는지도 사실상 모르는 내가 두 무릎을 꿇고 하나님을 향하여 기도하였다. 그제야 잠을 잘 수가 있었다. 이튿날 이른 아침 산뜻한 마음으로 일어나 깨끗이 세수하고 새 마음으로 병원 복도를 왕복하며 걷기 시작하였다. 지친 내 영혼, 흐느적거리는 나를 가누며 걷기 시작했다. 창 밖에 열심히 다니는 사람들, 세상을 보며 그들이 얼마나 행복한 것인지 새삼 깨달았으며 나도 행복한 그날이 곧 올 것이라는 마음으로 더 열심히 걷기 시작하였다.

성경도 규칙적으로 읽기 시작했으며 기도도 꾸준히 하기 시작하였다.

한 달간을 입원했지만 봄베이에 있는 남편과 친정 부모님, 시부모님들에게는 일체 비밀에 부쳤다. 이상하게도 그때는 남편이 자주 집으로 전화를 했기 때문에 나는 외출증을 받아 남편에게 아무일도 없는 양 국제 전화를 하고 돌아오곤 하여 가족들에게 심려를 끼치지 않고 퇴원할 수 있었다.

내 삶에 끼어든 악한 마귀

퇴원 후에도 통원 치료를 수개월 받느라 층계를 오르내리는 일조차 힘들 정도로 쇠약했었다. 지방에서 올라온 후배가 있었는데 그 후배 도움으로 어려운 치료를 편안히 마칠 수 있었고, 아이들도 그 후배의 기도와 사랑으로 안정된 생활을 할 수 있었다. 가정 생활은 때마침 제자가 소개해 주신 경상도 분이 오셔서 피붙이보다도 더 진하다고 해도 과언이 아닐 정도로 뜨거운 사랑으로 보살펴 주셨다.

집에서는 거의 누워서 생활을 할 정도였는데 이때 머리털 나고 처음으로, 출석 교회 구역장님과 집사님이 심방하셔서 말씀과 찬송으로 위로하고 격려해 주셨다. 이때 주신 말씀은 베드로전서 5장 8, 9절이다. "근신하라 깨어라 너희 대적 마귀가 우는 사자 같이 두루 다니며 삼킬 자를 찾나니 너희는 믿음을 굳게 하여 저를 대적하라 이는 세상에 있는 너희 형제들도 동일한 고난을 당하는 줄을 앎이니라."

성도들이 괴로움 가운데 있는 나를 위해 말씀과 찬송, 선물로 방문하였다는 자체도 어색하기도 하였지만, 깊은 관심으로 그들의 모든 행동을 눈여겨 보았다. 특히 무슨 말씀을 주시나 하고 귀기울여 들었는데 "…너희 대적 마귀가 우는 사자 같이 두루 다니며 삼킬 자를 찾나니…" 도대체 이 말씀이 무엇일까 그 당시엔 이해가 되지 않았다.

하나님이 살아 계시다는 것은 알았는데 대적 마귀가 무엇일까?

6년 정도 교회를 다녔지만 그 말씀의 의미가 무엇인지 모르는 발바닥 신자(곽규석 목사님의 말씀에서 들은 말)였다. 그러나 그 말씀을 듣는 순간, 내가 만났던 어떤 사람이 갑자기 내 눈에 이상한 도깨비 같은 모습으로 변하여 나타난 것을 본 기억이 생각났다. 검은 여우 같은 모습에 눈, 코, 입 등이 번쩍거리는 모습이었다. 어렴풋이나마 이 세상에는 마귀라는 것이 있음을 깨달아 알았고 그간 나는 마귀에게 이끌려 다녔다는 것을 깨닫게 되었다.

세상 대부분 사람들이 자신이 어떤 이유로든 본분을 다하지 못할 때 그 틈새에 마귀가 낀다는 것을 알았다. 허탄함과 슬픔, 망령됨이 스스로 인생의 왕좌에 앉으며 쾌락 속에 빠져들 때 마귀가 끼어들고 특별히 가정에 악한 마귀가 들어온다는 것을 알았다. 세상 정욕과 낭만, 멋스러운 생활, 자유가 아닌 자유방임과 방탕이 불러오는 결과가 무엇인지 알게 됐으며 사랑이 식어버려서 이기심과 이생의 자랑에 빠져버린 자에게 그 악한 마귀는 쉽게 들어온다는 것을 알았다.

어려워도 진리를 따르고 본분을 다하여야 하는데 내 맘에 드는 길, 내 뜻대로 잘 되는 길, 눈에 보이는 행복, 감정적으로 쉽게 다가오는 행복 등을 찾아 기쁨과 만족을 구하려는 그 삶 속에서 악한 마귀의 유혹은 시작된다. 부부가 합력하지 못하고 직장이나 이웃 사람과 진심으로 하나가 되지 못하며 그들의 마음을 이해하려 하지 못한 점, 또한 나도 너무 부족하고 연약한 사람인 것을 모르고 홀로 의인인 채 착각했던 그 강퍅함 속에 마귀는 유혹을 한 것이다. 가정은 날로 사랑이 식어가고 이기적으로 변하고 직장에서는 나에게 정면적으로 돌을 던졌던 것이다. 그 돌들은 내가 그들을 향하여 정죄하였던 수많은 돌들이었다.

지금 이렇게 글을 쓰는 가운데도 얼마나 많은 정죄의 돌들을 던지고 있는가라는 질문에 "난 아직도 정죄의 돌을 던지고 있다"라는 답변이 나온다.

내 삶의 변화

하나님은 어려서부터 오늘의 대학 교수가 되기까지 무한히 사랑과 은혜를 베푸셨고 오래 참으셨으며 구속하셨는데 난 무엇 때문에 살고 있는 것일까? 하루하루 의문점을 하나님은 하나님의 말씀과 사랑으로 풀어주셨다.

어느 날 후배로부터 최덕신 찬양 테이프를 처음으로 선물을 받았다. 집에서 쉬는 10개월 동안 거의 매일 주야로 최덕신의 찬양을 들었다. "나는 소리요… 나는 광야에서 외치는 소리요." 그 당시 무엇인지 몰랐지만 이제는 그 의미를 안다.

그 찬양의 말씀이 내게 큰 위로와 힘이 되었다. 최덕신의 찬양은 송명희 시인의 글로 작곡한 것이 대부분이었다는 것을 훗날 알았는데, 요즈음은 큰딸이 교회에서 특송을 하면 거의 최덕신의 찬양을 한다. 그것 또한 하나님께서 나의 믿음을 확인하게 하시며 온전케 하시려는 음성으로 받아들이며 하나님의 역사하심에 신기할 정도로 감사드린다.

또 가정 일을 돌보아주시던 분과 함께 서로 각 방에서 소리를 높여 성경 읽기(마치 시합하듯이)와 밤마다 기도를 하였다(너무도 서로 열정적이었다). 그리고 교회에 다니고 처음으로 새벽 기도를 나가기 시작했으며 창세기반 성경 공부와 삼일 기도회와 주일 예배 또한 아침, 저녁으로 열심히 다녔다. 무용인 중에 같은 동네에 사는 분이 CCC의 목사님 사모님을 소개해 주어서 CCC 십 단계 성경 공부를 했다.

이렇듯 10개월 휴직 기간 동안 내 생전에 생각해 보지도 못하던 믿음의 생활을 열심히 할 수 있도록 하나님은 인도하셨으며 하나님은 나의 삶을 변화시켜 주셨다.

신나는 하나님의 가르침

2

달라진 세상, 달라진 눈

난 통원 치료를 혼자 다녀도 좋을 때쯤부터 아무도 모르게 새벽 기도를 다녀온 이후 영어 공부, 무용 연습(좁은 마루에서)을 하고 아침 식사 후 병원 치료를 받고 오후에는 도서실에 가서 공부하고 집에 돌아와 저녁을 먹는 일정한 생활을 하였다. 그리고 성경 읽기, 기도하기, 찬양 듣기, 아이들과의 놀이 및 대화를 마치고 온 가족이 기도 가운데 하루 일과를 마치는 것이 일상적인 삶이 되었다.

이때 나의 심정은 '하나님은 살아 계시고 온 천지를 지으셨으며 나를 만드시고, 하나님의 자녀로 삼아 주셨으니 나의 모든 것은 하나님의 것이며 이 세상 모든 것 또한 나의 것이다' 라는 기쁨과 확신으로 충만할 때였다.

그래서 미래를 생각하며 혹 숙명여대를 다시 못 들어간다 해도 지금까지의 무용 생활을 그만두고 하나님의 기쁨이 되는 믿음의 춤을 출 것이라고 작정을 하고 무용책도 열심히 읽고 정리하면서 영어 공부도 꾸준히 하였다.

추운 겨울날도 춥지 않았으며 아무도 날 찾는 이 없어도 난 외롭지 않았으며 휴직한 상태라서 돈의 여유가 없었음에도 가난함과 부족함을 느끼지 않았다. 다 떨어진 앙상한 겨울 나뭇가지에 붙어 있는 그 잎사귀조차도 날 보고 웃고, 춤추는 듯 했으며 하늘은 온통 나를 보고 웃는 듯 하였다. 새벽을 걷는 나의 몸과 다리는 그 어느 때보다도 가볍고 신났으며 적막한 그 어두움도 무섭지가 않고 기다려지고 기대되는 시간들이었다.

영성 훈련

출석교회의 창세기반 성경 공부를 통해서 가정과 부부, 자녀에 대하여 소중한 말씀을 배웠다. 그 이후로 가정에 대하여 기도하기 시작하여 지금 온 가족이 교회에 출석하는 기쁨을 갖게 되었다.

성경을 10번 읽으면 큰 복을 받을 거라는 전도사님의 가르침을 통해(그 당시 한 번 읽고 있을 때였다) 한 번 읽은 기쁨도 이와 같이 큰데 어찌 10번인들 못 읽겠는가 하는 마음으로 그 이후에 10번을 읽었고 지금도 읽고 있다.

매번 읽을 때마다 하나님께서 내게 무슨 복을 주셨는가 성경 책 뒷면에 써 놓았는데 눈에 보이는 복도 매번 주셨지만 훗날 곰곰이 생각해 보니 성령을 주신 것이 내게 더없는 축복인 것을 알았다.

누가복음 11장 13절에 "너희가 악할지라도 좋은 것을 자식에게 줄줄 알거든 하물며 너희 천부께서 구하는 자에게 성령을 주시지 않겠느냐 하시니라" 하신 것처럼 내가 살면서 참으로 소중한 선물을 받았다면 하나님께서 보혜사 성령을 보내사 나를 항상 구속하시고 인도하시며 축복하시고 계시다는 것이다.

성경 말씀을 지식적으로 많이 알거나 암기하지는 못한다. 그러나 기쁨과 순종으로 말씀을 하나님 뵙듯이 한결같이 읽었으며, 처음에는 40여일 만에 한 번씩 읽고 밤새 몇 백 페이지를 단숨에 읽은 적도 있을 정도로 하나님께서 전적으로 붙들어 주셨다. 같이 공부하시는 성도 가운데에는 할머님들도 많으셨는데 그분들은 한 달 만에도 읽고, 읽는 것을 녹음하실 정도로 성령 충만한 생활들을 하셨다. 또 CCC 십 단계 성경 공부의 반복 훈련을 통해서 대학 캠퍼스 복음화 운동이 어떠한 것인지를 알았으며 내가 대학 캠퍼스에 다시 들어간다면 나의 진정한 직업은 전도사요, 보직이 교수라는 결단이 설 정도로 믿음의 기초를 다져갔다. 그렇게 되기까지 시원시원하고 씩씩하게 말씀을 인도하시며 밥과 때로는 맛있는 간식으로 대접을 하시면서 섬겨 주신 사모님의 가르침의 공로가 크셨다.

하나님은 그 주에 배울 말씀의 능력과 은혜를 삶 가운데에서 항상 체험하게 하시어 마음과 삶 속에서 떠나지 않도록 분명하게 양육하여 주셨다. 그리고 내 나이 또래의 여자들과 교제가 전혀 없을 정도로 단순하고 외곬으로 살았던 내게 하나님은 이웃들과 교제하는 평범한 생활을 체험하게 하셨다.

이러한 하나님의 전적인 가르침을 통해서 기도와 말씀 읽기, 영적 분별력과 믿음 안에서 나의 본분을 지키는 훈련을 하게 하셨다.

환난은 인내를, 인내는 연단을, 연단은 소망을

훈련 기간이 지난 지 얼마 안되어 봄베이에서 3년 근무한 남편이 돌아오게 되었다. 그때 나는 숙명여대로부터 새로운 제안을 받게 되었는데 그것은 다름 아닌 미국의 자매 학교인 모 대학에 교환 교수로 가는 일이었다. 휴직 기간은 끝나 복직하여야 되나, 그 당시 국내 대학가 분위기는 참으로 살벌하던 때이었다.

모든 것이 안정이 안되어서였는지, 아니면 그것이 하나님의 계획이셨든지 (지금도 하나님의 계획이었음을 믿지만) 모처럼 돌아오는 섬겨야 할 남편과 아이들과 또 헤어져야 하며 가정을 믿음과 사랑으로 섬겨야 되겠다고 한껏 부풀어 있던 내 마음은 다시 슬픔과 낙심, 혼돈 속에 빠지게 되었다.

1988년 8월 중순경, 나는 김포공항으로 향했다. 남편과의 의논 끝에 교환 교수로 가기로 결정을 한 것이다.

워낙 결혼 후, 서로 직장 일로 자주 헤어져 산지라 이번에도 체념한 듯, 남편은 나의 모든 상황 이야기를(학교의 모든 일을 이때 모두 이야기했다) 듣고 어렵게 결정을 하였다. 공항에 가며 난 눈물을 금치 못했다.

하나님이 보내 주신 자원 봉사대

미국의 자매 대학에서는 그때 마침 88년 올림픽 개최 국가인 한국에서 무용과 교수가 들어오니 무척 좋아했다. 사실 대학에 재직하는 동안 교환 교수로 발령 받기가 쉬운 일은 아니다. 나의 처지가 딱한 처지라서 눈물을 흘리며 떠났지만 대체적으로 교수들이 동경하는 일이 아니던가!

영어도 짧고 모든 것이 어색한 생활의 시작이었지만 하나님은 친절한 인터내셔널 사무국의 직원 및 일반과 교수와 무용과 교수 및 한국에 방문하였던 교수님들로 봉사대를 구성하여 놓고 계셨다.

무용 실기를 하는 교수가 왔기 때문에 그간 숙명여대에 들어와서 2년여 동안 못했던 공연이라도 하듯 한 달에 두 차례 정도의 공연으로 한국을 소개하고 한국무용을 소개하는 일을 1학기 간 하였다. 참으로 쉴틈이 없을 정도였다. 이

때 나를 도와 주신 분들을 소개하고자 한다.

공연장마다 오셔서 친히 청소하시며 수고하셨던 미술과 교수님은 친히 소책자와 전단까지 PC로 제작하여 홍보를 해 주셨다. 무용과의 환갑된 여교수는 무용복까지 세탁해 주고 집에 초대하여 웃겨 주시고, 봉사자로 섬기시는 양로원에 같이 가서 홀로 있는 노인들을 섬기는 모습도 보여주셨다. 또 연세대에 교환 교수로 오셨던, 역시 연세가 많으신 여교수님은 내가 교환 교수로 있는 동안은 매주 정한 날 정한 시간에 오셔서 점심을 사 주시고 불편한 것을 해결해 주시며 친절히 도와 주셨다. 인터내셔날 사무국장은 공연하는 어느 날, 한국에서 온 남편의 편지를 공연 전에 보여 주면 눈물 흘리고 공연 못한다고 감추고 있다가 공연 끝난 후 조심스레 건네주는 깊고 따사한 배려를 해 주셨다. 정말로 좋은 분들만 내 곁에 계셨다.

그 당시 이러한 배려가 학교의 법인 줄 알고 크게 고맙게도 생각하지 않았는데 알고 보니 정말 자원 봉사였다. 누가 교수라고 할 수 있을까? 직업이 교수일 뿐 그들은 정말 인간의 가장 따스한 모습과 능력으로 작은 자인 나를 위해 진심으로 돌보아 주셨다. 하나님은 참으로 어린아이와 같은 나를 위해 모든 것을 준비해 놓으셨던 것이다.

다시 느낀 하나님의 힘

1학기 동안 난 하루도 빠지지 않고 기도와 말씀 묵상으로 홀로 서기를 하였다. 처음엔 5분 정도의 기도에 머물던 내가 25분 정도 기도하고 해가 거듭할수

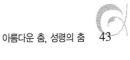

록 더욱 긴 시간 기도하게 되었다. 놀라왔다.

내 가족뿐만 아니라 친정과 시댁을 위해서도, 내가 만나는 사람들을 위해서도 기도하기 시작하였다. 나는 누구의 도움 없이 그간 가르침을 받은 대로 혼자하고 있었던 것이다(성령님의 인도하심이었지만).

교환 교수로 있을 때 친정 큰언니네(불교 신자였는데) 온 가족이 예수님을 영접하게 되었다는 소식을 들었다. 너무 감사하여 눈물로 감사 기도하였던 기억이 난다. 또, 교환 교수 생활하는 동안 부족한 요리 솜씨와 사랑으로 젊은 유학생 부인을 돌보는 일도(젊은 부인이 유산 후 몸조리를 못하고 있을 때 돌볼 수 있었다) 하도록 하셨다.

아버님 연배되시는 중국에서 오신 교환 교수께도 주님의 사랑으로 섬길 수 있는 기회를 주셨으며, 한인 교회 분들과 숙명여대 선배님들의 큰사랑의 섬김을 통해서 난 낮아지는 겸손의 훈련을 성령님 인도하시는 대로 지속적으로 하였다.

나는 첫마음, 첫믿음, 첫사랑을 잃지 않기 위해서 지속적으로 죄인임을 묵상하면서 어떤 환경 속에서도 교수의 신분보다 하나님의 자녀로서 낮은 자의 모습을 추구하였다.

잠언 16장 18절 말씀인 "교만은 패망의 선봉이요 거만한 마음은 넘어짐의 앞잡이니라"고 하신 것처럼 그 어떤 존경과 인정, 환경 속에서도 하나님보다, 또 그들보다 높은 마음이나 높은 자리를 탐하거나 앞세워서는 안된다는 것이 내게 주신 큰 능력의 말씀이었기에 철저하게 난 육신을 쳐서 낮아지는 일에 대하여 민감할 만큼 습관화시켰다.

잠언 25장 6-7절에 "왕 앞에서 스스로 높은 체 하지 말며 대인의 자리에 서

지 말라 이는 사람이 너더러 이리로 올라오라 하는 것이 네 눈에 보이는 귀인 앞에서 저리로 내려가라 하는 것보다 나음이니라"

또, 눅14장 8-11절에 "네가 누구에게나 혼인 잔치에 청함을 받았을 때에 상좌에 앉지 말라 그렇지 않으면 너보다 더 높은 사람이 청함을 받은 경우에 너와 저를 청한 자가 와서 너더러 이 사람에게 자리를 내어 주라 하리니 그때에 네가 부끄러워 말석으로 가게 되리라 청함을 받았을 때에 차라리 가서 말석에 앉으라 그러면 너를 청한 자가 와서 너더러 벗이여 올라 앉으라 하리니 그때에야 함께 앉은 모든 사람 앞에 영광이 있으리라 무릇 자기를 높이는 자는 낮아지고 자기를 낮추는 자는 높아지리라"고 하신 것처럼 그 누가, 어떤 환경이, 나를 높일지라도 항상 왕되신 하나님 예수 그리스도가 계심을 기억하며 낮은 자의 길과 처지를 택하는 지혜를 가져야 이 험난한 세상에서 주님과 동행하며 주님의 영광을 들어내는데에 꼭 필요한 것이라고 믿는다.

하나님을 위한 순종적인 삶

잠언 4장 4-8절에서 "아버지가 내게 가르쳐 이르기를 내 말을 네 마음에 두라 내 명령을 지키라 그리하면 살리라 지혜를 얻으며 명철을 얻으라 내 입의 말을 잊지 말며 어기지 말라 지혜를 버리지 말라 그가 너를 보호하리라 그를 사랑하라 그가 너를 지키리라 지혜가 제일이니 지혜를 얻으라 무릇 너의 얻은 것을 가져 명철을 얻을지니라 그를 높이라 그리하면 그가 너를 높이 들리라 만일 그를 품으면 그가 너를 영화롭게 하리라"

지혜의 실체는 무엇인가? 잠언 9장 10절에서 "여호와를 경외하는 것이 지혜의 근본이요 거룩하신 자를 아는 것이 명철이니라" 하셨다. 참으로 하나님의 진리의 말씀, 생명의 말씀, 사랑의 말씀이 내게 임하니 죄인임을 알게 하셨고 낮아지는 기쁨과 은혜의 체험으로 하나님의 귀한 자녀가 되었다.

믿음으로 순종하는 1학기 동안 나의 연구하는 열정은 또 대학 학창 시절로 돌아간 듯, 하루 일과는 이른 아침 1교시부터 대학생들과 중국 교수와 함께 영어 공부로 시작되었다.

그리고 무용과 학생과 같이 내가 원하는 시간표를 무용과에서 선택하여서 하루 적어도 세 강좌 이상 주로 실기 과목(안무법, 재즈댄스, 현대무용, 클래식 발레)들과 또 공연을 위한 연습 시간을 1시간 30분 이상은 늘 갖다보니 오후 5시에서 6시 정도에 항상 일과가 끝났다. 집에 돌아와서 저녁을 먹고, 영어 시간을 위한 준비로(영어 단어 찾기가 주된 공부였다) 새벽 1시, 2시에 잠들곤 하였다.

무용과 교수들이나 인터내셔널 사무국 직원 및 교수들은 은근히 걱정을 했다. 휴식이 없는 나의 일정을 놓고 내심 걱정들을 한 것이다. 한국에서 가져간 영어 테이프를 틈나는 대로 들으면서 주일을 뺀 모든 시간을 그저 일만 하는 듯한 모습을 보였기 때문이었다.

이제 한 학기만 마치면 집에 돌아간다는 희망으로 마치 감옥 같게만 느껴지는 1인용 교수 아파트에서의 삶은 순간 순간 나와의 싸움이요, 하나님께 향한 절대적인 순종의 삶이었다. 이러한 빡빡한 일정 속에서 실은 다시 몸과 마음이 지쳐 가고 있었다.

하나님께서 내려 주신 결단

숙명여대에서 연락이 왔다. 한 학기 더 하고 왔으면 좋겠고 전공 과목도 다른 방향으로 생각하면 어떠냐는 의견(?)이었다. 참으로 믿음으로 견딘 시간들이었지만 끊임없는 인내, 순종을 요구하시는 듯한 하나님의 뜻이 순간, 서럽게 느껴졌고, 이제는 무언가 결단을 내려야 되겠다고 생각하였다.

남편의 결정에 따르기로 하고 의논하니 남편은 대학도 직장도 중요하지만, 일단 한국으로 돌아오라는 것이었다. 3년간 봄베이에서 근무하느라 혼자 산 남편이 나를 위해 6개월간의 교환 교수 생활을 인정하고 더 버틴 것인데, 애타게 나를 기다리고 있는데, 더 이상은 안된다는 남편의 말에 동의하고 학교에 곧바로 그냥 귀국하겠다고 연락을 하고 89년 봄에 한국으로 돌아왔다.

정말 이제는 숙명여대에서 내가 용납이 안된다면 어쩔 수 없다라는 담대한 마음과 나의 사회 생활을 포기한다는 일념으로 한국에 들어와서 숙명여대에 귀국 보고를 마쳤을 때, 난 실기 과목을 포기하고 이론 과목을 강의하기로 했으며 신학기에 근무를 하게 되었다.

하나님의 치밀함으로 열어 주신 내 삶

춤이 없으면, 춤을 못 추면 살 수 없었던 나, 춤이 사랑이고, 애인이라고 생각했던 나, 몸이 아파서 학교는 빠져도 춤추러 학원은 다녔던 나, 서른이 넘도

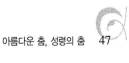

록 하루도 빠짐없이 춤추는 생활로 일관하였던 내가 이제 그 춤을 추지 못하는 -입으로 말하는 무용- 이론 교수가 되어 버린 것이다.

나의 춤추던 날개를 잘리고, 묶여 버리고 말았다는 또 한 번의 좌절 속에서도 나는 하나님만 바라보고 그 현실에 순종하여야만 했다.

미국의 자매 대학에서 혼자 연습실에서 춤을 추면서 "이렇게 춤을 추는 것이 무슨 의미가 있을까, 내가 좋아서 추는 나만의 기쁨으로 추는 이 춤, 나의 만족, 나의 표현에만 머무는 이 춤이 무슨 의미가 있을까, 더 이상 이런 인위적인 모습, 웃음, 표현이 지루하고 힘들다. 더 이상 추고 싶지 않다. 어서 사랑하는 남편, 아이들, 아니 사랑해야만 할 남편과 아이들을 위해 나는 살아 있는 지금 이 시간에 사랑해야만 된다"라고 독백을 한 기억이 난다.

미국에 가기 전, 하나님을 만났을 때 나의 모든 것은 하나님의 것이라고, 춤도 하나님의 살아 계심을 표현하고 하나님을 기쁘게 해 드리는 춤을 추겠다고 했던 그 고백을 이행하려고 했는가. 그 사랑하던 춤을 포기하고 한국으로 돌아와 숙명여대에서 검은머리가 흰머리가 될 정도로 힘든 무용 이론을 연구하고 외우며 강의를 하게 되다니….

망연자실. '어떻게 강의하나? 어떻게 준비하나?' 라고 생각했을 때 병원 다니며 도서관 다닐 때 정리해 두었던 노트가 생각났다. 아니! 그 노트를 찾아 열어 보니 강의할 과목과 내용들이 준비되어 있지 않은가. 하나님을 만난 이후 행했던 그 모든 일들이 결코 우연이 아니었다.

난 다시 한 번 하나님의 치밀하심에 탄복을 할 수밖에 없었다.

실기 교수를 하면서 가정과 가족에게 소홀히 했었다. 그때 남편은 입버릇처럼 내게 했던 "대학 교수가 연구를 하고 나이 들어서도 할 수 있는 공부를 하지 왜 밤늦도록 밤새도록 춤추고 제자들과 분별없이 생활을 하면서 가족들을 희생시키냐"고 하던 말이 생각났다. 난 그 말을 그 당시엔 이해하지 못했다.

막상 이론 강의를 하게 되니 늘 입버릇처럼 그러더니 내가 이 모양이 됐다고 은근히 남편을 마음속으로 원망했지만 그것은 하나님께서 남편의 입술을 통하여 나의 무분별하고 옳지 못한 생각과 생활을 책망하셨던 것이라는 생각이 들었다.

여하튼 검은 머리카락이 흰 머리카락으로 바뀌어가는 나의 새로운 캠퍼스 생활은 시작되었다.

이론 교수로서 다시 밟은 캠퍼스

"그런즉 누구든지 그리스도 안에 있으면 새로운 피조물이라 이전 것은 지나갔으니 보라 새것이 되었도다"(고후 5:17).

참으로 생각할 수 없었던 새로운 인생의 시작이었다. 그 말썽 많던 박순자! 약 1년 반만에 다시 교수 생활 시작이었다. 조심스럽게 두렵고 설레는 마음으로 기도로 무장하고 캠퍼스를 밟았다. 학생들을 만나고 교수님들을 만났다.

하나님의 능력으로 좀더 자유롭고 싶었고, 자유로운 자세와 마음을 취하려고 어깨를 펴며 마치 전시장에 들어간 사람처럼 주변을 만끽하며 걸었다. 이제 학교에서 쫓겨나도 그만, 있어도 그만이라고 생각할 정도로 나의 마음은 믿음으로 제법 굳어져 있었다.

내가 성경을 읽었을 때, 솔로몬 왕의 잠언서를 통하여 큰 은혜를 받았고 사도 바울의 서신서와 복음서를 통하여 큰 은혜를 받다. 구약의 내용은 내게 많이 어려워서 어찌 보면 형식적으로 읽어 내려간 것 같았다.

내가 어려서부터 인생이 무엇인지 사람이 무엇이며 어떻게 살아야 하는지를 많이 고민하고 생각하던 습관이 있었는데 나이가 들어 결혼 생활, 사회 생활, 그리고 무용과의 큰 일을 겪은 후에 사람과의 대인 관계만 잘 이룰 수 있으면 인생에 있어서 큰 어려움이 없을 것이라고 판단했다. 그래서 잠언을 통해 지혜 얻기를 즐거워 했었다.

또, 사도 바울의 서신서 내용은 내게 큰 감동과 믿음의 확신을 주었고 몇 말씀 안되지만 대체적으로 사도 바울의 복음론이 내게 강하게 다가왔다. 마치 그 말씀이 나에게 하나님이 주시는 평생에 잊지 말아야 할 것처럼 깊게 새겨졌다.

4복음서는 CCC 성경 공부를 할 때 사모님으로부터 자세히 수차 설명 듣고 숙제를 하며 교재의 내용 대부분이 신약을 통해서 이루어져서 인지 참으로 쉽게 다가와 말씀이 내 마음속에 잔잔히 흐르는 물과 같이 내 영혼을 은혜로 충만케 하였다.

나는 다시 가정 생활과 직장 생활을 겸하면서 새벽 기도 나가는 일이 어려워졌으나 기도와 말씀 묵상의 생활은 변함없이 유지하였고 기도는 늘 아침, 저녁으로 꾸준히 하였다.

기도를 마치고 집을 나서면 만나는 모든 사람이 전도의 대상이라는 생각이 들었고 영업용 택시를 탔을 때 운전사에게 전도하는 일은 기본이었다. 학교로 출퇴근할 때나 또 캠퍼스 내에서 만나는 학생과 자주 만나게 하는 특정한 교수님, 직원들에게도 나는 전도해야 한다는 생각으로 가득했고 실제로 실천에 옮기는 일이 많은 편이었다.

디모데후서 4장 2절 말씀처럼 "너는 말씀을 전파하라 때를 얻든지 못 얻든지 항상 힘쓰라 범사에 오래 참음과 가르침으로 경책하며 경계하며 권하라."

거의 나는 때를 얻든지 못 얻든지 복음의 때로 삼으라 하는 말씀이 내 귀에 내 마음에 늘 살아 있었다. 또 그것이 내가 캠퍼스에 있는 이유이며, 목적이라고 생각했다. 그래서인지 교내 엘리베이터 안에서도 학교 일로 만나는 모든 사람과 나를 방문하는 모든 사람, 나의 개인적인 일로 만나는 모든 사람, 강의 가운데 만나는 모든 사람이 전도 대상이며, 전도가 삶의 목적이다라는 생각으로 살았다.

나는 서서히 이를 위해 계획하고 준비하기에 이르렀다. 하루하루 묵상한 말씀으로 오늘 나를 살게 하시며 그 말씀으로, 곧 내가 가지고 있는 영적 재산으로 하나님은 일을 하신다는 확신을 가졌다. 누구든지 만나면 그 말씀으로 이야기하면 된다는 생각을 하면서 온통 머리 속에 하나님의 생각으로 가득했다. 결코 지나친 표현은 아니라고 생각한다.

무용과 학생들에게는 두렵고 떨려 어색했지만 단 5분이라도 단 한마디라도 하나님의 말씀을 전하지 않고 강의실에서 나오면 찜찜하였다.

"내가 그리스도와 함께 십자가에 못 박혔나니 그런즉 이제는 내가 산 것이 아니요 오직 내 안에 그리스도께서 사신 것이라 이제 내가 육체 가운데 사는 것은 나를 사랑하사 나를 위하여 자기 몸을 버리신 하나님의 아들을 믿는 믿음 안에서 사는 것이라"(갈 2:20).

참으로 생각할 수 없었던 새로운 인생의 시작이었다.
그도 그럴 것이 약 1년 반만에 다시 시작한 교수 생활이었디.
조심스럽게 두렵고 설레는 마음으로 기도로 무장하고
캠퍼스를 밟았다. 학생들을 만나고 교수님들을 만났다.

그렇다. 난 세상과 현실에 매여 있고 나처럼 허탄함과 망령된 것과 오직 자신만을 생각하는 그 우매함 속에 있는 딸과 같은 학생들에게 복음을 전해야 한다. 나와 같이 슬픔과 눈물, 고통과 환난, 수치와 좌절의 삶의 골짜기를 가도록 해서는 안된다고 생각했다.

누가복음 6장 48절 말씀처럼 반석 위에 세워진 인생이 되도록 해주어야 한다고 생각했다. "집을 짓되 깊이 파고 주초를 반석 위에 놓은 사람과 같으니 큰물이 나서 탁류가 그 집에 부딪히되 잘 지은 연고로 능히 요동케 못하였거니와."

사람은 스스로 노력하여 부귀와 영예와 건강, 행복 등을 취하고 누리고 유지, 보존한다고 생각하고 믿으며 살지만 그렇다면 이 세상에서 노력해서 아니될 일이 무엇이 있을까?

모두 애쓰지만 태어나는 것, 죽는 것, 건강한 것, 병드는 것, 가난한 것, 부자가 되는 것, 유명해지는 것, 무명한 것, 공부를 잘하는 것, 못하는 것, 예쁜 것, 미운 것, 작은 것, 큰 것 등 무엇하나 사람이 마음먹은 대로 되는 것이 하나도 없음을 알려줘야 한다고 생각했다. 우리의 참 주인이며 우리를 지으시고 온 우주 만물을 창조하시고 다스리시는 하나님, 그리고 그 외아들 예수님 이름으로만이 구원을 얻고 온전하고 평안함 기쁨이 있는 삶을 살 수 있다는 것을 알려야 했다.

"가로되 주 예수를 믿으라 그리하면 너와 네 집이 구원을 얻으리라"(행 16:31).

잠시 눈에 보이는 현실과 허상 앞에 영원하지 않은 것에 매여 근심하고 슬퍼하며 즐거워하고 교만하며 자랑하고 낙심하는 등, 귀한 영혼, 생명, 그 평안을 소중히 생각 못하고 참 행복도 깨닫지 못한 채 근시안적으로 뛰어다니는 학생들에게 "진리를 알지니 진리가 너희를 자유케 하리라"(요 8:32).

"썩는 양식을 위하여 일하지 말고 영생하도록 있는 양식을 위하여 하라 이 양식은 인자가 너희에게 주리니 인자는 아버지 하나님의 인치신자니라"(요 6:27)고 한 말씀으로 진리이신 하나님이 원하시는 삶을 살 수 있도록 그리고 영생을 알도록 전해야 한다는 마음뿐이었다. 어떻게 하면 이들에게 예수님과 하나님, 그리고 그 말씀을 전할까 생각하게 하신 하나님께 간구하는 가운데 처음에는 하루하루 주시는 양식으로 전하던 말씀이 점차 해를 거듭하면서 학년 별로, 주 별로, 학과목 별로 구별하여 전할 수 있는 분별력과 지혜를 얻게 되었고, 그대로 실천하였다. 이제는 미학, 예술론, 창작론, 한국무용사 등 교재 선택 및 강의 내용을 성경 말씀에 비추어서 할 정도가 되었으며 감사하게도 학생의 대부분이 긍정적으로 받아주고 있다. 졸업반 2학기 종강 시간에는 으레 기도로 마칠 수 있는 환경까지 인도하셨다.

가끔 신앙으로 인해 학생들이 약간의 불만을 표현하지만 지난날 내가 청소년, 청년 시절까지 믿지 않고 불신하였던 때를 생각하며 오히려 그 학생들을 이해하고 인내하며 그들에게 나와 같은 은혜의 때가 올 것이라는 확신을 갖고 의연히 대처해 나간다.

또 무용과 교수님들도 학생들과 함께 만나는 신입생 오리엔테이션이나 졸업 사은회 등에서도 기도하는 것을 자연스럽게 생각하고 권장을 하실 정도가 되었으니 실로 하나님께 감사하지 않을 수가 없다(실은 초기, 어떤 교수님은 염려하여 내게 조심하도록 권면도 하셨다). 때를 얻든지 못 얻든지 복음의 때로 삼으라는 그 말씀이 교양 과목 학생들과의 강의에서도, 평생 교육원의 무용반에서도 동일하게 적용되었다.

어느 때는 캠퍼스 내에서 자주 만나는 교수님께 전도하여 교회에 나가기까지 위하여 기도하며 부족하지만 성경 공부도 같이 하는 가운데 하나님 자녀 되도록 협력케 하신 하나님, 나의 짧은 체험과 학문의 내 중심적 강의 이전, 전지 전능하신 하나님 말씀으로 내게 맡겨주신 모든 영혼에게 다가갈 수 있도록 역사하시며 힘주시고 지혜주시는 하나님은 언제나 죽어가는 영혼, 음부의 자리에 앉으려 하는 영혼들에게 다가가시기 위해 나를 사용하셨다.

요한복음 15장 16절 "너희가 나를 택한 것이 아니요 내가 너희를 택하여 세웠나니 이는 너희로 가서 과실을 맺게 하고 또 너희 과실이 항상 있게 하여 내 이름으로 아버지께 무엇을 구하든지 다 받게 하려 함이니라" 말씀처럼 나를 택하여 숙명여대에서 순종하게 하신 하나님의 능력과 사랑을 알기에 나를 만나는 모든 사람이 일시에 나와 같아질 수는 없을지라도 그 가운데 또 나와 같이 택함 받은 사람이 한 알의 밀알이 – "내가 진실로 진실로 너희에게 이르노니 한 알의 밀이 땅에 떨어져 죽지 아니하면 한 알 그대로 있고 죽으면 많은 열매를 맺느니라"(요 12:24). – 되어서 많은 영혼들을 죄 가운데서, 세상 가운데서 구원하시려는 하나님의 계획 속의 밀알이 된다는 그 사실은 너무도 놀라운 일이라는 것을 알기에 어렵고 힘들지라도 순종하였다.

아직은 무용과 기도 모임이 연약하지만 열심히 모이고 있으며 졸업한 학생들 가운데 남자 친구나 남편들을 믿음의 사람으로 인도해 주셔서 그리스도인이 된 소식을 간간이 듣고 있다.

평생 교육원에 시작이긴 하지만 선교 무용과도 생겼다(2000년 2학기에 시작했기 때문에 많은 기도가 필요하다). 또한 무용계의 미래의 일꾼으로 파송하기 위해 숙명 무용론 연구회(무용과 대학원 학생 중심의 모임)를 통해 인재를 양성하고 하나님의 말씀을 토대로 하는 무용 전반에 걸친 연구들이 3년째 지속되고 있다. 이 모든 일들이 또 이 일에 참여하는 하나님의 백성들이 진정, 빛과 소금의 직분을 감당하게 될 것을 믿는다.

"믿음은 바라는 것들의 실상이요 보지 못하는 것들의 증거니 선진들이 이로써 증거를 얻었느니라"(히 11:1-2절).

숙명선교회와의 만남

숙명여대로 복직을 한 후 또 하나의 새로운 믿음의 생활은 숙명선교회(숙명인 동문 기독 모임)와의 만남이었다. 대선배이신 교수님의 손에 이끌리어 첫 믿음을 갖고 숙명여대 밖에 위치하고 있는 숙명선교회 사무실에 갔을 때 나는 그 어디에서도 느껴보지 못했던 생동감을 느꼈다.

지금으로부터 20여년 전 숙명여대 음대 동문 몇 분이 가정마다 다니며 기도 모임을 가진 것이 계기가 되어 결국 숙명여대에서 가장 가까운 거리에 방을 얻어 모이게 되었으며 봉사하시는 몇 분의 목사님을 초대하여 숙명여대 복음화를 위한 기도회와 월례 예배를 드려온 귀한 믿음의 선배들이셨고 모임이었다.

손수해 오신 밥과 반찬으로 후배들에게 사랑과 봉사를 아끼시지 않던 선배님들의 뜨거운 믿음과 나의 어린아이와 같은 순전한 믿음의 만남은 나로 하여금 믿음이 성장하는 데 도화선의 역할을 하기에 충분했으며 또 선배들은 나의 작은 모습을 크게 인정하고 격려하는 가운데 캠퍼스 복음 사역에 참여할 수 있는 기회가 주어졌다.

선배들이 하시는 대로 따라하고 따라가며 숙명여대 전체를 위한 기도와 노방 전도, 나라와 민족을 위한 기도로 나의 믿음은 성숙하여져 갔다. 매주 토요일 아침 8시에 모여서 1시간 30분간 지도목사님 인도 하에 성경 공부하며 1시간 정도 기도하였으며 사랑의 교제를 맛있는 간식과 함께 나누는 가운데에 나는 숙명여대 캠퍼스 내에 없어서는 안되는 사람처럼 신나는 믿음의 생활을 하게 되었다.

남편 따라 멕시코와 미국에 2년 반을 다녀온 후에도(자세한 설명은 뒷장에서 하기로 함) 총무로서, 부회장으로서, 사랑의 기도 본부장으로서의 직임을 감당해왔으며 현재는 우로숙선장학회(숙명여대 학부, 석, 박사 과정의 학생들에게 장학금을 지급하고 있음)의 위원장의 직분을 맡기까지 실제 믿음은 간 곳 없고 출세를 하였다고나 할까? 어린 풋내기 신자가 오늘에 이르도록 소중한 사명들을 수행하면서 캠퍼스 내의 신우회 소속 교수, 직원들, 숙기연(기독학생 모임)의 학생들과 간사들, 각과 기도 다락방 지도 교수 및 학생들과의 유기적 관계와 교제를 통하여 하나님 나라 확장과 그의 의를 구하는 일에 순종하였다.

어찌 보면 숙명여대가 기독교 대학이 아님에도 불구하고 오늘날의 모습이 된 것은 하나님께 뜨겁게 순종하셨던 몇 분의 믿음, 소망, 사랑의 기도가 있었기 때문이요, 앞서 열거한 기독인들의 아름다운 기도와 순종, 전도와 합력이 있었기 때문이라고 생각한다. 이렇게 눈에 보이는 캠퍼스 내의 영적 부흥을 믿음으로, 기쁨으로 그 안에서의 현재 나의 믿음을 돌이켜 볼 때 나도 한 몫을 하였다는 것을 확신하면서도 처음 신앙처럼 순전하지 못함을 깨닫는다.

하나님께 받은 은혜, 사랑, 겸손, 기쁨, 감사는 간 곳 없고 오직 일하는 그리스도인, 간판을 붙이고 다니는 소문난 그리스도인이 되어 있다는 생각이 나로 하여금 괴롭고 씁쓸하게 한다. 다시 처음 마음으로 돌아가기를 소망하며 "오직 너희가 그리스도의 고난에 참예하는 것으로 즐거워하라 이는 그의 영광을 나타내실 때에 너희로 즐거워하고 기뻐하게 하려 함이라"(벧전 4:13) 하신 말씀처럼 은밀한 가운데 역사하시며 영적 전쟁을 치르시는 예수님과 동행하는 그리스도인으로서 믿음 생활하는 영적 오묘한 비밀을 깨닫는 내가 되었으면 한다.

또한 요한복음 15장 2절에 "무릇 내게 있어 과실을 맺지 아니하는 가지는 아버지께서 이를 제해 버리시고 무릇 과실을 맺는 가지는 더 과실을 맺게 하려 하여 이를 깨끗케 하시느니라" 한 말씀처럼 열매 맺는 가지, 깨끗한 가지로써 늘 한결같은 그리스도인이 되었으면 한다.

믿음의 귀한 단체에 소속되어서 많은 일을 하지만 무엇보다도 예수 그리스도의 마음을 버리거나 나와 함께 하신다는 믿음을 잃지는 않은지 점검하고 있으며 주님의 고난에 동참하지 못하는, 차지도 뜨겁지도 않은 죽어가는 그리스도인이 되기가 쉽다는 것과 그러한 현실 속의 사람이 되어 있는지도 모른다는 생각에 조용히 나의 영적인 현주소를 점검하고 있다. 영적으로 승리하는 숙명선교회, 숙명선교회를 통하여 승리하는 믿음의 사람으로 끝까지 순종하는 내가 되기 위하여 오늘도 숙명선교회의 귀한 믿음의 선배, 후배들을 생각하며 예수 그리스도의 향기를 찾고 있다.

참으로 아무런 세상적 대가나 인정을 모르는 채 예수님 이름으로 순종하는 귀한 선교회 회원들, 한결같은 선교회 회원들과의 만남을 소중히 여기며…

선교 무용을 시작하며

3

선교 무용 공연을 준비하는 과정

숙명여대 캠퍼스의 복음화를 위하여 강의나 숙명선교회 및 그 외 믿음의 교제를 통하여 쓰임 받는 일 외에 믿음이 없는 가운데도 나와 함께 춤을 추며 배워왔던 후배, 제자들에게 복음을 전하기로 하였다.

나를 스승으로, 나를 본으로 생각했던 그들에게 길이시며, 진리이신, 생명되시는 예수님(요 14:6)을 전해 내가 얻은 구원의 기쁨, 은혜를 갖게 하고 예수님을 진정한 스승으로 알도록 그리하여 영생을 얻은 자로서 이 세상에서, 묵은 땅을 기경하여 무용계에서 소금과 빛의 직분을 감당하도록 하는 것이었다. 또한 결혼한 후배, 제자들은 예수님으로 인하여 행복한 가정을 만들도록, 미혼인 후배 제자들에겐 믿음의 배필을 만나 하나님의 사랑과 계획을 실천하는 가정을 만들도록 하고 싶었다.

1989년 숙명여대 복직과 더불어 나는 매주 화요일마다 우리 집에서 간단한 점심 아니면 간식을 마련하고는 내가 공부했던 CCC 십단계 성경 공부를 아침 10시부터 시작하였다. 후배, 제자들은 억지로 선생의 말이니 싫은 표현을 못하고 의무적으로 나를 만나 주었고, 성경 공부를 하였다. 무용을 한다는 목적보다 말씀을 전하는 일이 주목적이었다. 1년 정도 성경 공부가 진행되는 동안 나는 그들에게, 성경 말씀처럼, 명령하는 내가 아닌 섬기는 사람으로서 그들을 섬기는 훈련이 지속되었다. 늦게와도 온 것을 기뻐하고, 열심히 안 해도 와서 앉아 있는 것만 해도 감사하다고 생각하며, 점점 그 순종의 열의가 식어져서 불규칙하게 출석을 해도 난 묵묵히 참고 인내했다.

처음에는 신나는 마음으로 시작한 내가 차츰 그들의 충성하지 못하는 모습과 일일이 섬겨야 하는 어려움 속에서 나의 마음은 힘겨워지고, 예수님의 고난과 같이 만남, 가르침, 접대 자체가 고통스럽고 짜증이 났다. 그러나 하나님의 뜻이요, 내가 믿음으로 시작한 일이니, 중도 포기하지 못하고 어렵게 어렵게 끌고 나갔다. 그런 가운데 일년 정도 지나서 선교 무용을 하자는 뜻이 모아지면서 1회 선교 무용 공연을 준비하게 되었다.

선교 무용의 첫 작품 「출애굽」

「출애굽」을 첫 작품으로 선교가 무엇인지도 모르면서 하나님을 증거하며, 하나님을 믿는 우리들이 믿음의 춤, 말씀의 춤을 추자는 뜻 하나로 90년도에 박순자 선교무용단으로 발족해 연습을 시작했다. 더운 여름 방학 동안, 휴가철을 서로 어렵게 감당하며, 시작한 연습은 정말 믿음이 아니면 감당하지 못할 정도로 어려웠다. 매일 연습 인원이 다르고, 모임 시간도 불규칙하여서 완전히 나의 자존심을 버리지 않으면 그 일을 감당하기가 어려웠다.

어느 날, CCC 성경 공부 순장이셨던 사모님이 다니러 오셨다가 한 명, 한 명씩 손을 잡고 기도를 하셨다. 내 순서가 되어 함께 손잡고 기도하는데 갑자기 사모님이 방언을 하기 시작하셨다. 분명히 사모님은 여자분이신데 내게는 남자 음성으로 들렸고 그분은 분명히 방언을 하셨는데 내게는 한국말로 내 귓가에 들리는 것이었다.

그 내용의 핵심은 겸손히 순종하라는 것이었다. 받은 은혜를 기억하며 잘 섬기라는 것이었다. 나는 그 말씀을 듣는 순간 나도 모르게 알겠다고, 그렇게 하겠다고 반복하여 답변을 하였고 눈물로 회개하기 시작하였다.

죄악 가운데서 죽을 수밖에 없는 나를 살리셨는데 연습하러 온 그들을 왜 섬길 수가 없느냐, 섬겨야 한다는 분명한 하나님의 음성이었다. 지금도 귓가에 생생하다.

이렇게 시작된 작품은 「출애굽」이었다. 내가 출애굽하는 것이요, 우리의 출애굽하는 것을 전달하는 작품이기도 하였다. 작품의 시작부터 끝까지 전 과정을 섬김으로 진행하게 하신 하나님.

"너희는 먼저 그의 나라와 그의 의를 구하라 그리하면 이 모든 것을 너희에게 더 하시리라"(마 6:33).

"…아무든지 나를 따라 오려거든 자기를 부인하고 자기 십자가를 지고 나를 좇을 것이니라"(막 8:34).

하나님 아버지 은혜로 거듭 태어났을 때 기쁨을 금치 못하였었는데 점차 전도하는 것, 선교한다는 것은 자기 십자가를 지고 순종하는 것이라는 구체적인 그리스도인의 삶을 뼈저리게 알게 되니, 힘들다는 생각이 많이 들었다. 그러나 내 안에 계신 하나님, 성령님께서 행하심을 믿고 나를 포기하는 생각으로 한순간, 한순간, 모든 만남, 일들을 처리하였다.

홍보도 믿음이 없을 때는 기자들을 찾아다니고 광고를 부탁하였던 일들을 폐하고 전단과 광고 내용을 정리하여 각 신문사 및 홍보체의 문화부에 우편으로 보냈으며, 프로그램 한 장 한 장을 전도지로 생각하여, 혹 그들이 오지 않는다 하더라도 예수의 복음은 전해야 한다는 생각으로 앞뒤 장에 믿음의 글과 말씀을 넣어서 제작을 하였다.

모든 것이 하나님의 것이니, 하나님께서 기뻐하시는 방향으로 생각하고 실천하는 것이 당연하다고 생각되었다.

"그러므로 형제들아 내가 하나님의 모든 자비하심으로 너희를 권하노니 너희 몸을 하나님이 기뻐하시는 거룩한 산 제사로 드리라 이는 너희의 드릴 영적 예배니라 너희는 이 세대를 본받지 말고 오직 마음을 새롭게 함으로 변화를 받아 하나님의 선하시고 기뻐하시고 온전하신 뜻이 무엇인지 분별하도록 하라" (롬 12:1-2).

내게 큰 확신을 주었던 말씀이다. 하나님의 진리의 말씀, 사랑의 말씀을 분별하며 하나님의 기뻐하시는 제사를 드려야 한다고 생각하게 하셨다.

공연이 목적이기 보다 공연 전의 모든 과정이 산 제사이기를 원하셨던 하나님 그래서 단원들을 섬기며, 그의 나라와 의를 모든 과정에 이루기를 원하셨던 하나님, 나는 공연 전 바로 그 직전까지 "하나님 나의 죄를 알게 하시고, 회개하게 하시며, 깨끗한 그릇으로, 하나님께서 인정하시는 그릇으로 무대에 서게 하옵소서"라고 기도하였다.

이제, 감히 하나님과 예수님의 이름으로 행하는 무용을 하기에 준비가 되었다고 생각될 때까지 겸손히 주님의 음성을 듣기를 원하였다. 관객들을 모으기에 애를 쓰기 보다 기도하였으며 하나님 보시기에 우리의 공연이 성령 충만하며 생명력이 있고 사랑이 있는 것이라면 하나님께서 모이게 하실 것이라는 믿음으로 공연을 시작하였다. 참으로 로마서 1장 17절의 말씀처럼 "복음에는 하나님의 의가 나타나서 믿음으로 믿음에 이르게 하나니 기록된 바 오직 의인은 믿음으로 말미암아 살리라 함과 같으니라" 하신 것을 나는 믿었고 하나님은 믿음 있는 나를 통하여 이루셨다. 많은 관객이 몰려 왔고 극장에서도 때아닌 무더운

8월에 왜 관객이 몰려왔는지 이해를 못할 정도였다.

"믿음이 없이는 기쁘시게 못하나니 하나님께 나아가는 자는 반드시 그가 계신 것과 또한 그가 자기를 찾는 자들에게 상주시는 이심을 믿어야 할 지니라"(히 11:6).

"하나님의 말씀은 살았고 운동력이 있어 좌우에 날선 어떤 검보다도 예리하여 혼과 영과 및 관절과 골수를 찔러 쪼개기까지 하며 또 마음의 생각과 뜻을 감찰하나니"(히 4:12).

하나님의 말씀은 살아 계셨다. 그 살아 계신 약속의 말씀을 믿고 순종하였더니 하나님의 살아 계심을 드러내셨으며 영광을 받으셨다. 인간의 노력, 계획이 아닌 하나님의 신이 운행하시어 믿고 찾고, 믿고 의지하여 따르는 자와 함께 하시는 하나님을 만난 기쁨과 은혜의 공연이었다.

그러나 항상 선교를 행한 뒤 섰는 줄 알면 넘어질까 조심하라 하신 말씀처럼 성공리에 모든 일이 진행될 때, 더욱 근신하며 겸손히 행치 아니하면, 인간의 교만, 자만, 자랑을 틈타 하나님의 영광을 육신과 세상으로 넘기우려는 마귀의 궤계 앞에 쓰러진다는 것을 알게 하셨다.

주님의 이름으로 애쓰고 견디며 사랑하였던 그 십자가의 길을 헛된 것에 돌리지 말아야 한다. 오직 내 공로는 없고 하나님께서 홀로 영광 받으시도록 끝까지 믿음으로, 말씀을 붙들고 하나님께서 역사하시도록 그 자리를 내어 드려야 한다는 것이다.

실로 육체 가운데 만났던 후배, 제자들과 함께 하는 시간들보다 믿음 안에서 교제한 시간이 솔직히 힘들었다. 온전히 중생의 체험이 없거나, 성령의 은혜가 없는 가운데에서 협력한다는 것도 어려웠고, 믿음의 무리들이 세상을 향하여 복음을 전하려 하니 이 또한 세상 권세가 우리 서로 간을 많이 어렵게 하여 시험도 많았다. 그러나 주님은 승리하심을 믿고 주님의 발자국을 따르게 하셨던 그 오묘한 성령의 역사함을 보고 주님께서 허락하시는 기쁨과 감사가 충만하였다.

"종말로 너희가 주 안에서와 그 힘의 능력으로 강건하여지고 마귀의 궤계를 능히 대적하기 위하여 하나님의 전신갑주를 입으라 우리의 씨름은 혈과 육에 대한 것이 아니요 정사와 권세와 이 어두움의 세상 주관자들과 하늘에 있는 악의 영들에게 대함이라 그러므로 하나님의 전신갑주를 취하라 이는 악한 날에 너희가 능히 대적하고 모든 일을 행한 후에 서기 위함이라"(엡 6:10-13).

세상에 믿음으로 사는 것은 영적 전쟁을 의미한다. 하나님의 성령의 전신갑주, 사랑의 전신갑주, 진리의 전신갑주를 입고, 어두움을 주님의 이름과 능력과 은혜로 싸워, 빛의 세상으로 바꾸는데 우리는 쓰임 받아야 한다.

주님! 세상 끝 날까지 나를 도와주소서! 나와 함께 하여 주소서!

무용을 택할 것인가, 하나님을 택할 것인가

숙명여대로 복직한 지 얼마 안되어 무용계의 한 잡지사로부터 이단 종교 재단의 무용팀 안무 요청을 받았다. 무용도 안하고, 작품을 안 한 지도 오래되었고 이제 믿음 안에서 무엇인가 하고 싶어 할 때였다.

난 무용을 택할 것인가, 하나님을 택할 것인가 갈등했다. 이단 종교 재단이라 할지라도 내가 믿음으로 갈 자신과 확신이 있으면 모르겠지만, 나는 아직 그럴 정도가 아니라는 생각에 담대히 할 수 없다고 거절을 하였다(마음속으로 많이 아쉬웠다). 부탁을 하신 분도 그리스도인이었는데, 난 그 순간 하나님의 연단이라는 생각을 하였다. 무엇이든지 받아먹는지, 분별을 하는지.

분별을 하되 믿음과 말씀으로 하는지 시험을 하시는 것이라고 생각되었다.

지금 같으면, 단 한 영혼의 구원, 무용계의 사랑하는 영혼들을 위하여 나름대로 준비를 하고 가볼 것 같은데 그 당시에는 명쾌하다고 생각될 만큼 죄송하다는 말씀과 더불어 거절했다. 믿음의 확신이 있기 전, 이단 종교 재단의 후원으로 파리의 국제 예술 대회에 나갔던 일을 다시 한 번 상기시켜 주셨다.

아무리 세상적으로, 개인적으로 흡족한 조건일지라도 하나님의 자녀는 하나님의 것으로 살아야 함을 분명히 알게 하셨다.

누가복음 20:21-25절 말씀에 "…선생님이여 우리가 아노니 당신은 바로 말씀하시고 가르치시며 사람을 외모로 취치 아니하시고 오직 참으로서 하나님의 도를 가르치시나이다 우리가 가이사에게 세를 바치는 것이 가하니이까 불가하니이까 하니 예수께서 그 간계를 아시고 가라사대 데나리온 하나를 내게 보이라 뉘 화상과 글이 여기 있느냐 대답하되 가이사의 것이니이다 가라사대 그런즉 가이사의 것은 가이사에게 하나님의 것은 하나님께 바치라"고 하신 것처럼, 그리스도인의 주인은 하나님이시며 우리는 하나님의 영광을 위하여 지음 받고 새 생명 받았음을 명심해야 함을 깨닫게 하셨던 중요한 일이었다.

예수님이 좋은 걸 어떡합니까?

이단 종교 재단의 안무 요청을 거절한 뒤 얼마 안되어 새로운 만남을 주셨다. 발레리나 가운데 지금까지 믿음의 교제를 해오는 선배가 있는데 그분의 소개로 예수선도단 모빌팀을 소개받았다. 중국에 선교 여행을 가야하는데 한국적인 찬양에 맞추어 춤을 추기 위해서였다.

이미 그 찬양에 맞추어 춤을 추고 있었지만 다시 지도받고 잘하기 위해서 온 10여 명 정도의 선교팀이었다. 어찌 보면 난생 처음, 선교하는 젊은이들을 만난 것이 아닌가 싶다. 아침 일찍 그들과 만나는 일은 내게 신선한 충격과 믿음의 도전이 되었다.

대학도 명문 대학을 졸업한 청년들이 무엇이 아쉬워서 전공은 살리지도 않고 자기 돈을 들여가면서, 가족들에게 푸대접 받아가면서 이들이 이럴까?

예수님이 이렇게 좋으신 분이라는 것을 그들을 통해서 또 한 번 깨달았다. 그들이 부탁한 찬양도 "예수님이 좋은 걸 어떡합니까?"였다. 무용 전공자도 아닌 남녀 믿음의 엘리트들을 가르치려니 겸손함으로, 그들을 최대한의 친절함으로 지도하지 않으면 안되었다.

'신전 의식'이라고 하던가? 믿음이 생긴 뒤, 나의 변화 중 하나인데, 그것은 무용을 할 때 항상 하나님이 내 앞에 계시다고 믿는 것이었다. 사람한테 보이는 무용만 하던 나에게는 세상적 마음, 세상적 표정 등이 습관화되어 있음을 알게 되었기에, 애써 내 앞에 앉아 계신 하나님, 나의 무용을 보시며 나의 중심을 보시는 하나님을 의식하게 되었다.

이들을 가르칠 때도 예수님께 대하듯 하나님 앞에서 가르치듯 완벽하다고 할 정도로 정중히 행하였다. 모두가 좋아했다. 나도 신이 났다. 지도가 다 끝나고 중국으로 떠나기 전에 그들이 우리 집을 방문하였다. 헤어지기가 아쉽고, 너무 좋은 가르침을 받고 감사해서 방문한 것이었다. 나는 출석 교회 전도사님께 받은 안수 기도 이후 놀라운 기도를 그들을 통해서 받았다.

나를 가운데 앉혀 놓고 머리, 어깨, 등에 손을 얹고 기도하기 시작하는데, 뜨거운 성령의 불이 임하였다. 나는 울었다. 아니 내가 운 것이 아니라 절로 눈물이 쏟아졌으며 그들도 많이 울었다. 그들은 아낌없이 나를 축복해 주었다. 아름다운 진실한 사랑의 표현을 내게 풍성히 해 주었다. 하나님은 보이는 천사들, 나를 위해 준비된 천사들을 보내셨을까?

아무런 자격이 없는 내게 하나님은 사랑을 부으셨다. 그들의 맑고 밝은 씩씩한 모습, 웃음을 잊을 수 없다. 믿음 안에서 귀하게 첫사랑으로 만난 그들을 지금까지 기억하며 기도한다. 몇 년 전 국제 예수전도단 열방대학 워크숍이 소망 교회 수양관에서 있었다. 그때 나는 선교 무용으로 초청 받아서 가게 되었다. 바로 그곳에서 10여년 전 만났던 그 멤버 중 한 자매가 훌륭한 전도사가 되어 와 있었다. 아! 하나님은 나의 작은 기도에 응답하시어 예수전도단 모임에도 오게 하시고 그 영혼도 만나게 하셨다.

또 예수전도단 모빌팀에게

요한복음 10장 10절 "도적이 오는 것은 도적질하고 죽이고 멸망시키려는 것뿐이요 내가 온 것은 양으로 생명을 얻게 하고 더 풍성히 얻게 하려는 것이라"는 말씀으로, 작품을 만들어 지도하였는데, 이 작품으로 국제 선교 무용(예술의 전당) 공연제에 참가하게 되었다.

지금까지 선교 무용을 하고 있지만, 이때 받은 믿음의 감동은 내게 또 하나의 충격이었고 잊을 수 없는 하나님의 능력이였다. 다른 선교 무용팀은 전공자들이었는데, 이 팀만 비전공자였다. 보통 무용하는 사람들은 공연 전에 긴장들을 많이 하는데, 더군다나 얼굴에 마스크를 쓰고 나가서 추어야 하기 때문에 염려했으나 이들은 예상을 뒤엎고 무대에서는 첫 순간부터 끝날 때까지 성령의 불 검, 불화살이 날아가듯 공중 권세를 잡으며 춤을 추었다. 기도하는 일꾼, 하나님을 전적으로 의지하고 능력 입은 자들의 모습, 바로 이런 것이었다. 천지를 지으신 하나님을 믿는 자, 생사 화복을 주장하심을 믿는 자들의 모습은 칼날 같이 예리하고 놋기둥 같이 강한 자임을 다시 한 번 실감하게 하셨다.

"십자가 군병들아 주 위해 일어나, 기들고 앞서 나가 굳세게 싸워라. 주께서 승전하고 영광을 얻도록 그 군대 거느리사 늘 이김주시네"(찬송가 390장, 엡 6:11).

아름다운 십자가 군병들이었다. 나의 가정의 허점을 엿보고 도적 같이 마귀가 들어와 가족들의 평안을 도적질하고, 영혼을 황폐케 하여 가정을 멸망의 길로 은밀한 가운데 앗아가려 했으나 주님께서는 나를 잊지 않으시고, 나의 가정을 버리지 않으시고, 생명의 나라로, 주님의 나라로 옮기시는데 승리하셨다는 그 고백을 담은 작품을 진실로 주님의 능력으로 멋있게 해내었다.

어디를 가든지 승리할 십자가 군병들이었다.

또 하나의 믿음의 만남

미리암 선교단! 아론의 누이, 선지자 미리암!

"아론의 누이 선지자 미리암이 손에 소고를 잡으매 모든 여인도 그를 따라 나오며 소고를 잡고 춤추니 미리암이 그들에게 화답하여 가로되 너희는 여호 와를 찬송하라 그는 높고 영화로우심이요 말과 그 탄 자를 바다에 던지셨음이 로다 하였더라"(출 15:20-21). 이스라엘 민족이 출애굽한 뒤의 상황이다.

미리암 선지자와 같은 연기인 '최선자 권사님'을 단장으로 한 연예인 선교 단에 안무자로 초청을 받았다. 최선자 권사님을 만났을 때, 성령님께서 확신을 주셨고 그분들 또한 안무자 선택으로 인하여 긴 시간 기도 끝에 나를 만나게 해 주셨다고 하셨다. 다양한 달란트를 가진 이들과의 기이한 또 하나의 믿음의 만남이었다.

연예인들이, 동광 교회 예배실에 모여 천지 창조에서 예수님 부활하실 때까 지의 상황을 뮤지컬화한 "지금, 우리는…"을 부르고 있었다.

무용만 하던 내가, 연예인들을 만나니, 별천지에 온 것만 같았다. 숙명여대 교수로 거창하게 소개를 받고 그 이후 독특한 은사, 개성을 지닌 분들과 노래 하며, 춤 지도하며, 기도하며 한 가족 같이 지내게 되었다. 차츰 나의 성격이 변하는 것을 알게 되었다. 아니 세상을 보는 믿음의 눈이, 예수님이 세상을 향 하여 보시는 눈이 무엇인지 아주 조심스럽게, 조금씩 알게 하시는 것 같았다.

나는 마치 바리새인과 같이, 율법주의자 같이 고지식하고 융통성이 없는 편 이었는데, 후질근한 사람처럼 만드실려고 이곳에 데려오셨나라고 생각이 들

정도로 자유 분방함 속에 거침없이 웃고 이야기할 수 있는 약간의 가능성을 보이기 시작한 것이다.

나의 사랑의 그릇을 넓히시려고, 아니 사랑의 실체를 깨닫게 하시려고 철없는 쑥맥 같은 나를 이곳에 보내셨구나 하는 생각이 들었다. 나는 다시 겸손히 주님 사랑에 빠져들기 시작했고 예수님만 바라보며 그들을 지도하고 인도하였는데 이상하게도 내가 은혜 받고 울면 미리암 선지자 같은 여자 단원들이 따라 울고, 나로 인해 은혜를 입는 사람들이 하나 둘씩 생기기 시작했다.

작품 가운데 골고다 언덕에 못 박히러 올라가시기 전에 예수님이 빌라도 법정에서 채찍에 맞으시며 수치와 고난을 받으시는 장면이 있다. 그 장면 뒤에 베드로, 마리아, 우물가 여인이 한 명씩 나와 예수님과 대화(노래)하는 장면이 있다. 그 사이사이에 예수님을 따르던 사람들은 간절한 마음으로 합창(허밍)할 때면 나는 참으로 내 앞에 서 계신 예수님을 만나게 되었다. 온 몸에 눈물이 흐르는 듯 하였다(나의 눈물이 아닌, 예수님의 눈물인 것 같았다). 울부짖는 단원들이 아닌 내가, 내 영혼이 예수님께 울부짖으며 감사하여, 아직도 성결하지 못함을 인하여, 온전하지 못함을 인하여, 나약함으로 눈물을 흘리면 나를 보고 있던 단원들이 우는 것이다(물론 그렇지 않은 사람도 있었지만).

하나님은 한 분이시다. 내게 성령으로 오시는 하나님이 그들에게도 동일하게 임재하시며 나의 맘속에 탄식으로 오시는 성령님이 그들에게 임재하심을 절실히 알게 하셨다. 수시로 하나님께서 주시는 말씀을 선포하며 작품을 진행할 때, 능력의 하나님께서 그들을 붙드셨고 성령 충만함이 용광로의 불길과 같았다.

미리암 선교단! 세상에서, 아니 어찌 보면 나 같은 교만한 자가 믿음이 없었다면 우습게 보였을 그 연예인들도 하나님은 들어 사용하시고 있지 않은가? 때로는 예기치 않게 자존심 상하는 일도 있었지만 나는 죽고 또 죽으면서 그들에게, 예수님에게 순종하였다.

"형제들아 내가 그리스도 예수 우리 주 안에서 가진 바 너희에게 대한 나의 자랑을 두고 단언하노니 나는 날마다 죽노라"(고전 15:31).

내가 어디 있단 말인가, 교수가 무엇인가, 하나님의 자녀, 죄인일 수밖에 없었던 내가, 낮고 낮은데 거하시면서도 불평 한 번 없으셨던 예수님을 좇아가며 이글거리는 나의 자아는 죽고 또 죽어가고 있는 것이었다.

그 은혜의 절정은 예수님이 십자가를 지시고 올라가시는 장면이었다. 좇아가는 무리들 가운데 여인들이 울면서 나갈 때마다 하나님은 내게 "…예루살렘의 딸들아 나를 위하여 울지 말고 너희와 너희 자녀를 위하여 울라"(눅 23:28).

실제 연기 상황에서 울면서 예수님을 좇았지만 나에게 늘 그렇게 분명히 말씀하셨다. 나는 그들에게 그렇게 전했다.

'우리를 사랑하시는 하나님, 긍휼과 인자가 차고 넘치시는 하나님, 그 하나님은 우리를 위해 친히 그 죄 값을 담당하셨다.

자손을 위해 평생 희생하시는 부모의 마음이 바로 하나님 마음이요, 희생이셨다. 고맙습니다. 하나님, 나의 아버지! 사람을 사랑하는 마음을 주신 하나님, 감사합니다.'

예수님을 좇던 행렬이 끝나면 남성 중창팀의 우렁찬 노래가 이어진다.

이사야 53장 5-6절까지의 말씀이다. "그가 찔림은 우리의 허물을 인함이요 그가 상함은 우리의 죄악을 인함이라 그가 징계를 받음으로 우리가 평화를 누리고 그가 채찍에 맞음으로 우리가 나음을 입었도다 우리는 다 양 같아서 그릇 행하여 각기 제 길로 갔거늘 여호와께서는 우리 무리의 죄악을 그에게 담당 시키셨도다."

얼마나 우리를 위해 고심하시고 애쓰시는가.

너무도 고마워서 이 노래를 할 때면 목청을 돋우어 힘껏 비장한 마음으로 나도 불렀다. 침통함이 흐를 정도로 긴 시간, 그 공간은 정적으로 둘러싸였다.

하나님은 미리암 선교단의 공연 준비가 끝날 때쯤에 국내 곳곳을 다니며 선교히게 하셨다. 이때 우리 선교 무용 단원들도 몇 명 무용수로 뽑혀서 같이 다녔다. 숙명여대를 근무하면서, 선교 무용단을 돌보며, 미리암 선교단과 함께 다니며 생활하기를 2년이 넘게 하였다. 어디를 가든지 성령님의 열풍은 성도들의 마음을 뜨겁게 하기에 부족함이 없었다. 전 단원들의 수고비와 공연 준비비 등의 준비를 위하여 헌신적으로 뛰어다니며 기도하시던 최선자 권사님과 장 집사님, 그리고 헌신적이고 사랑이 풍성한 미리암 단원들! 미리암 단원들을 너무도 사랑하신 예수님! 능히 거치른 광야도 밟기에 준비된 또 하나의 십자가 군병들이었으며 그들의 넘치는 해학, 웃음은 나의 마음속에 영원히 사라지지 않을 것이다.

미리암 선교단을 그만두게 된 이후에 들은 소식은 단원들 중 많은 분들이 국내외의 선교사로 떠나셨다는 것이다. 그들에게 영원하신 주님의 승리와 영광이 있을 것을 믿는다.

미리암 선교단과 함께한 선교 공연

미리암 선교단과 LA로 선교 공연을 간 적이 있다. 92년경으로 기억된다. LA흑인 폭동 전에 공연하기로 되어 있었으나, 흑인 폭동으로 인해 늦게 미국으로 들어가게 되었다.

전 경비를 후원받아 준비하신 단장님과 집사님들의 수고로(자원하신 몇 분만 빼고 전 경비를 담당하심) 전 단원이 김포 공항에서 출국 수속을 밟을 때 이상하게도 인원을 잘못 점검하여 비행기 티켓이 1장 모자랐는데 그 티켓의 주인공이 나였다. 사실, 자원 경비로 갈 사람을 이야기할 때, 경비의 어느 정도를 내고 갈까 하는 마음이 있었지만 선뜻 모든 여건이 그렇게 조성되지 않았다(믿음이 적은 탓에). 그런데 출국 직전 공항에서 이런 일이 생기니, 나의 처지가 모호해졌다. 티켓 값도 여유분이 없었던 것 같았다. 이렇게 난처한 일이 생기니, 책임자 등 몇 분이 당황하셨다. 이때 동광 교회(미리암 선교단이 동광 교회에서 연습을 항상 하였다) 김인호 목사님이 불현듯, 그 자리에 나타나셔서 돈 뭉치를 성도들이 낸 헌금이라고 하시며 내놓으셨다. 잔돈을 거두신 그 돈 뭉치는 한 손으로 잡기에 묵직한 크기였다. 결국 나는 그 돈으로 티켓을 사서 미국으로 가게 되었다. 책임자들은 나의 표가 그렇게 된 것을 미안하게 생각했지만 나는 하나님께서 하신 것이라고 생각되어 하나님께 죄송했던 기억이 난다. '교수까지 하는 사람이 조금이라도 믿음으로 내고 갈 것이지' 하는 음성이 들리는 듯 하였다.

우여곡절 끝에 LA에 도착하여 공연 리허설을 호텔에서 하고, 할리우드 영화제를 하는 SHRINE AUDITORIUM에 공연하기 위해 갔다. 극장에 도착하니, 미국에서 준비하시던 목사님께서 성찬식을 하시겠다고 하셨다. 늘 하는 성찬식처럼 하시겠지 하는 마음으로 둘러앉았다. 빵과 포도주를 나르는 몇몇 집사님들의 봉사도 모두 거절하시고 손수 성찬식을 준비하시는 것이 특이하게 느껴졌다.

또 잠시 후, 찬양을 조용하게 틀어 놓으시더니, 상상 밖의 이야기를 하셨다. "지금부터 혹시 오늘 출연하시는 단원들 안에서 미워하는 사람이나 서로 용서치 못한 사람이 있으면 그들에게 가서 화목한 후에 성찬식을 하겠습니다"하시는 것이었다.

늘 예수님이 화목하라 하셨지만, 그 화목함을 공연 현장에서 그것도 모든 사람이 있는 곳에서 하라고 하는 말씀에 난 놀라움을 금할 길이 없었다. 나는 눈을 감고 깊이 생각했다. 떠오르는 사람이 있는 것 같으면서도 또 생각해 보니 없었다. 가만히 눈을 감고 있으려니 여기 저기에서 왔다갔다 하는 분주한 소리가 났고 잠시 후 누군가 내게 다가왔다. 전혀 예상하지 못한 사람, 그냥 일하다 보면 다소 거북한 관계가 있을 수 있다고 생각되었던 그 사람이 내게 온 것이었다. 서로 부둥켜안고 울고 … 분위기는 울음바다였다. 나는 내게 온 그 사람의 이야기를 듣고, 오히려 내가 미안하다고 했던 것 같다. 다소 당황스러웠고, 내가 누군가를 그렇게 어렵게 하고 있었다는 사실에 미련한 내 모습을 발견하였다. 그러나 모든 것은 해피엔딩이었다. 그제야 목사님은 성찬식을 하셨는데, 정말 예수님이 함께하는 성찬식이었다.

지금껏 여러 차례 성찬식을 했지만, 이때의 성찬식을 잊을 수가 없다. 예수님 말씀대로 준행된 한사랑의 성찬식이었다.

이제 공연은 시작되었다.

이것이 웬일인가, 등장하던 단원들 몇 명이 뒤로 넘어졌다. 극장 무대가 나무 바닥이 아니고 고무 바닥인데다가 천지 창조 첫 장면을 위해 드라이아이스를 뿌려 놓은 상태에서 공간에 수증기가 생기니 바닥은 물바다가 되어 있었던 것이다. 그것도 모르고 잦은 걸음으로 뛰어나가니 넘어질 수밖에 없었다. 공연장 대여비가 비싸고 대여 조건이 너무 까다로워서 충분한 시간을 갖지 못하고 리허설을 약식으로 했던 탓이었다. ─ 요즈음도 대체적으로 선교 행사를 앞두고는 금식을 하는 편인데, 이때도 단원들의 눈을 피해 식사 시간마다 다른 곳에 가서 숨었다가 오곤 하여서 사실상 지쳐 있었다. ─ 그래서 급한 대로 양쪽 등장 입구가 모두 물바다가 되어 있으니 일할 사람은 없고 해서 걸레가 될 만한 것을 찾아서 양쪽을 뛰어다니며 걸레질을 하기 시작했다. 이런 상황을 본 어떤 미국인은 화장실에서 화장지를 가져다주기도 하였다. 정말 공연이 거의 끝날 때가 되어서야 그 걸레질이 끝났으니 긴 시간이었다.

예수님의 십자가 군병들, 공연에 열중하고 있는 그 군병들의 발을 씻기듯, 기도하며 열심히 닦았다. 한 사람도 더 넘어지거나 다치게 해서는 안된다는 생각으로 말이다.

한국에서 미국, 그 유명한 극장에 가서 걸레질만 하다 오다니…. 이해가 안 됐지만 공연은 성공적으로 끝났다. LA 폭동으로 인하여 피해를 입은 한인들이 그렇게 많이 올 수가 없었는데 오히려 그들은 그 상처를 입고 은혜 받기 위하여 온 것이다. 그 큰 극장을 가득 메웠다. 사람의 생각을 능히 넘으시는 하나님이셨다. 공연 뒤, 전 단원들과 함께 모여서, 목사님과 함께 감사 기도를 하는데 내 머리 위로 무엇인가 왔다갔다 하였다. 눈을 뜨고 싶었는데, 뜰 수가 없었다. '바스락' 바스락 '푸드덕' 푸드덕 연이어서 내 머리 위에서 어떤 빛이 번뜩이는 것을 느꼈다.

多様 마리암 선교단! 또 다른 믿음의 만남! 무용만 하다가 연예인들을
만나니 별천지에 온 것만 같았다. 독특한 은사, 개성을 지닌 분들과
노래하며 춤을 지도하며 차츰 나의 성격이 변해갔다.
예수님께서 세상을 향해 보시는 눈이 무엇인지 조금씩 알 것 같았다.

처음부터 공연 끝날 때까지 금식 기도로 단원들과 관객들을 위해서 걸레질을 하다가 마친 공연인데, 웬일일까?

마치, 요한복음 1장 32절 말씀인 성령님이 오신 듯 하였다. "요한이 또 증거하여 가로되 내가 보매 성령이 비둘기 같이 하늘로서 내려와서 그의 위에 머물렀더라."

기도가 끝날 때까지 시끄럽다고 느껴질 정도로 새 깃이 나르는 듯한 소리를 들었는데 눈을 뜨고 보니 아무 것도 보이지 않았다. 혹시 다른 사람에게도 그랬는가 하고 두리번거렸지만 아무런 반응이 없었다. 예수님이 함께 하신 공연임을 알 수 있게 하신 증표로 여겨진다.

새로운 선교지 - 멕시코에서

93년 8월, 우리 가족은 멕시코로 가게 되었다. 숙명여대 무용과, 선교 무용단과 숙명선교회, 미리암 선교단과 모두 이별을 해야만 했다. 남편이 멕시코로 발령을 받았기 때문에 나는 그곳 무용 학교에 연구 교수로 가기로 결정하고 학교와 의논하여 3년간 휴직하기로 하였다. 3년간 박사 과정이라도 하고 왔으면 하는 것이 모두의 생각이었다. 앞일을 알 수 없고 또 나의 실력을 그 누구보다도 잘 알고 있는 나는 선뜻 확답을 할 수 없었다.

선교 무용 단원들은 부모 잃은 어린아이와 같이 난감하여 했으나, 내가 없는 상태에서의 결집력 또한 그들에게 필요하다고 생각되었고, 진정한 주인은 하나님이시기에 큰 걱정을 하지 않았다.

미리암 선교단원과 특히 최선자 권사님은 무척 아쉬워 하셨다. 한참 선교 중인데 떠나면 어떻게 하느냐 하시는 그들의 마음을 나는 심히 하나님 앞에서 죄를 짓는 듯, 죄송하였지만 또 다른 분을 예비해 놓으셨을 것이라는 생각과 어쩔 수 없는 생각에 내린 결정이라서 아쉬운 작별을 할 수밖에 없었다.

앞서 이야기 했듯이 내가 예수님을 영접하기 바로 전에 남편은 봄베이에서 3년간 혼자 살았다. 정말 인도의 생활은 혼자 살기에는 너무 어려운 곳이었다. 그럼에도 불구하고 나는 직장에 다니며 무용을 버릴 수 없다는 생각으로 헤어져 살았기에 남편이 귀국한 이후, 나는 늘 빚진 마음으로 살았었다.

이번 만큼은, 혹 직장을 잃는다 해도 남편을 생각하고 가정을 생각해야 한다는 결단 아래 학교에도 3년이라는 긴 시간을 휴직할 수 있었다. 진급이나 호봉 관계며, 사회 생활에서 올 수 있는 공백 기간 동안의 개인적인 침체 등등, 어찌 보면 내 개인의 타산적인 문제를 단숨에 접어 버렸다고 해도 과언이 아니었다.

무용과의 몇몇 학생들은(내가 기도해주던 학생들이다) 내가 떠나는 것을 슬퍼하며 눈물을 흘리기도 했다. 불과 몇 년 전만 해도 나는 이 땅에서 몹쓸 사람으로 냉대를 받았는데, 주님을 영접한 후, 다시 밟은 이 땅에서 나를 위해 우는 귀한 제자들을 주신 하나님, 진심으로 하나님 은혜에 감사하였다.

나의 믿음을 보살펴 주셨던 숙명선교회에서도 지도 목사님이신 옥성석 목사님을(충정 교회 담임목사) 모시고 푸짐한 식사 대접과 함께 송별회를 해주셨다. 그때, 목사님께서 하나님의 말씀을 주셨는데 창세기 28장 15절 말씀으로 "내가 너와 함께 있어 네가 어디로 가든지 너를 지키며 너를 이끌어 이 땅으로 돌아오게 할찌라 내가 네게 허락한 것을 다 이루기까지 너를 떠나지 아니하리라 하신지라"이다.

그 외에도 한 절을 더 주셨는데 지금은 정확히 기억이 나지 않는다. 하지만 목사님 말씀의 핵심은 항상 하나님을 의지하여야 돌아올 때, 온 가족에게 영적으로, 물질적으로, 육체적으로도 풍성해져서 올 수 있다는 것이었다.

그러시면서 "남편을 너무 믿지 마세요!" 하셨다. 그 말씀이 무엇을 의미한 것이었을까? 하나님 아버지 자리에 남편을 앉혀두지 말라는 말씀이라는 것을 뒤늦게 깨달았다.

완전히 이사를 하기 전에 답사차 남편과 함께 멕시코 수도인 멕시코 DF(멕시코 수도)에 도착하여 남편이 묵고 있는 호텔로 갔다. 남편이 농담 반, 진담 반으로 "멕시코에 오면 왕비 마마처럼 모셔줄까?"라고 입버릇처럼 하더니, 정말 왕비 마마처럼 우아하게 모처럼 살 수 있을 것 같은 착각을 일으킬 정도로 꿈 같은 며칠을 지냈다. 내가 다닐 학교와 무용가 등을 만나고, 집을 보러 다니고, 초대를 받아서 인사를 다니는 등, 며칠을 참으로 분주하게 지냈다.

남편과 나는 진정한 주인공이신 하나님은 옆에 버려두고 환경과 약속, 사람들에 치어서 정신을 잃어버린 듯한 시간을 보냈다.

순간 '목사님'의 말씀이 생각났다.

"남편 너무 믿지 마세요."

난 호텔이었음에도 불구하고 가장 구석진 곳을 택해서 기도하기 시작했다. 회개 기도였다.

"하나님, 죄송합니다. 내가 이곳에 무엇 하러 왔지요. 분명히 나만, 우리 가족만 신나게 살라고 보내신 것은 아닐텐데요."

수일 동안 지냈던 그 상황들을 생각하며, 세상을 등졌던 나를 보았다. 손을 내밀며 도움을 청하던 불쌍한 영혼들과 중심지 그 번화가에 깔려있는 거지들을 보면서도 난, 나의 일에만 빠져 있었던 것이었다. 부르짖는 기도가 지속되었다. 기도가 끝난 뒤, 난 다시 한국에서의 본연의 자세, 하나님 안에 거해 있던 모습을 회복해야 함을 며칠이 지나서야 깨닫게 되었고 다시 하나님으로 인한 평강을 찾을 수 있었다.

어렵게 학교와 집을 정하고 한국에 와서 아이들을 데리고 멕시코로 8월 중순에 들어가 3개월 동안 아이들 영어 숙제 해 주느라고 부부가 번갈아 밤잠을 설쳤다. 말도 통하지 않고 학교만 다니느라고 일도 서툴러졌는데 청소하랴, 빨래하랴, 밥하랴, 하루하루가 정신없이 지나갔다. 무용 학교에서는 9월부터 나와서 멕시코 무용도 1학년부터 배우고, 한국무용 지도를 학생들에게 하라고 하였기 때문에 틈틈이 집에서 당일 가르칠 동작과 설명을 서반아어로 찾아서 노트에 적었다가 학교에 가서 띄엄띄엄 읽어가며 가르쳤다. 영어도 서투른 내가, 그나마 영어를 하는 학생이 있어서 영어와 서반아어를 섞어가며, 한국무용 실기 강의도 하고 멕시코 무용도 배웠다. 멕시코는 고산 지대라서 산소가 부족하여 잘 적응이 되지 않는 사람은 저지대로 옮겨서 살 정도이다.

나도, 3개월간은 자고 일어나면 입술이 불쑥 튀어나오지 않으면 눈두덩이가 부어오르는 이상한 증세가 생겼다. 남편은 "신통치 않은 마누라"라고 하면서 조금 버티어 보아서 안되면 한국에 다시 나가야겠다고까지 하였다.

정말 짜증나는 3개월이었다.

그러한 가운데에도 구석방 하나를 기도실로 정해 놓고 기도를 꾸준히 하였

82

다. 멕시코는 땅이 넓어서 집도 대체적으로 크게 짓는 편인데다 지·상사 직원들이 해외에 나가면 회사 얼굴을 세우느라고 대체적으로 큰 것들을 얻는 것이 상례이다. 우리도 좀 큰 집을 얻었는데도 불구하고 기도실 하나 제대로 꾸미지 않고 허스름한 곳에서 기도 생활했던 것을 부끄럽게 생각하지만 그때는 어떻게 해서든지 기도를 해야되겠다는 일념뿐이었다.

차츰, 적응해 나가면서 나는 몇 가지의 생활을 믿음으로 적용하게 되었다.

① 멕시코 DF에 나와 있는 모든 지·상사들을 위해 늘 기도할 것.

② 멕시코에서 만나는 한인 및 멕시코인에게 전도를 할 것.

③ 무용 학교에 가서 전도할 것.

교회를 정하고 전도지를 구한뒤, 외출할 때마다 만나는 사람들, 집에 찾아오는 사람들, 아파트 내에서 만나는 멕시코인들에게 전도지를 주면서, 약간의 선물도 곁들였다(한국에서 가져간 마스코트나 음료, 빵 등).

또, 무용학교를 가는 길은 멕시코의 중심지인 소칼로 부근을 거치게 되는데 일주일에 3번은 항상 가야했다. 으레 차를 타고 가다가 신호등에서 서게 되면 거지들이나, 자동차 앞 유리 닦는 사람들이 부지기수로 손을 내밀거나 묻지도 않고 유리창을 닦는다. 그래서 외출을 하려면 페소(동전으로 우리 나라 10원 정도의 가치가 있을까?)를 준비하고 그 숫자에 비슷하게 전도지를 갖고 나가서 무조건 전도지와 1페소를 주기 시작했다.

가면서 백미러로 그들을 볼 때(내가 2년 있는 동안) 거의 100%가 그 전도지를 읽는 것을 보았다. 난 그럴 때마다 운전을 하면서 기도하였다. "1페소는 작지만, 전도지와 함께 전하오니 주님 그들을 구원하여 주소서."

하나님은 나의 이런 믿음을 굽어 살피셨을 것이라고 지금도 믿는다.

빈부 차가 극심한 그곳, 길거리에서 만난 거지들을 위해 기도했다. 또 무용학교에 가면, 숙명여대에서 했듯이 항상 기도를 하고, 성경 말씀을 전할 수가 없으면 서반아어로 된 성경을 가져가서 그들로 하여금 읽도록 하였다.

한국 무용반에 들어오는 숫자는 처음에는 많았는데 점차 줄어들었다. 전도를 했기 때문일 것이다. 또 멕시코 무용반에 들어가도, 분장실에서 만나는 학생들에게 전도지를 전하고, 담배를 심하게 피는 학생들에게는 권면도 많이 하는 편이었다. 나를 보면 슬슬 피하는 학생도 있는가 하면 나를 도와주는 학생도 생겼다.

한국에서 무용하는 사람들과 함께 성경 공부했듯이 우연한 기회에 교회 집사님들에게 알려져서 매주 목요일마다 집에 모여서 두세 명이 성경 공부를 하였는데 1년 정도 되어서는 10여 명 정도가 모여서 성경 공부를 하였고 부부 성경 공부로 한 가정을 섬기게 되었다.

하나님은 나로 하여금, 내가 말씀으로부터 떠나지 않도록, 또 섬기는 일을 쉬지 않도록 그곳에서 훈련하셨고 역사하셨다. 토요일마다 한글 학교 학생들에게 무용과 공부를 가르쳤고, 오후에는 출석 교회 중고등부 학생들(20여 명)을 집에 모아서 찬양하고 몸짓을 가르쳐 주일 예배 때에 몸 찬양으로 본 예배에 함께 예배를 드리는 일도 감당하게 하셨다.

멕시코에 있는 동안 만난 중고등학생이나 집에 모였던 집사님들을 참으로 열심히 가르쳤다. 특히 학생들은 성경 읽기, 암송하기, 노방 전도하기, 몸 찬양하기 등 철저하게 훈련되었기에 언젠가는 그들이 내 앞에 신실한 자로 서 있는 것을 보게 되리라는 확신이 있다.

처음엔 나가는 교회가 한 곳이었는데, 성경 공부한 지 얼마 안 되어 교회가 두 곳으로, 2년 뒤에 미국으로 갈 때쯤 세 곳으로 늘어났다.

하나님께서 바벨탑 사건 이후, 언어를 다르게 하여서 흩으시고 사람의 종들이 되지 못하도록 하셨던 것처럼, 초대 교회 교인 역시 핍박을 통하여 흩으셔서 곳곳에 복음이 전하도록 하셨던 것처럼, 멕시코 한인 교회도 교회가 개척될 때마다 진통을 겪고 세워져 나갔다. 결국 우리 집에서 모이는 집사님들도 세 교회의 출석교인으로 구성되었다. 내가 멕시코를 떠날 때, 하나님은 이들을 통하여 큰 일을 하셨다.

어떠한 일을 하나님은 하셨는가?

내가 한국무용을 하는 것을 알고 있는 지·상사 부인들이 무용을 좀 하면 어떻겠냐고 초기에 제안을 했는데, 그 제안을 내가 여러 가지 이유로 받아들이지 못하다가 1년 쯤 지나서 그 제안을 받아들여서 모이게 되었는데, 나의 조건은 항상 주님의 이름으로 모이자는 것이었다. 사실상, 나는 멕시코에 와서 바로 이들을 위해 기도했기 때문이었다.

"하나님, 이 중요한 위치에 있는 이 여종들이 예수님으로 인해 변화 받아 나라와 민족, 가정을 살릴 수 있도록 하옵소서."

실제로 외국에 장기간 나가기는 처음이었고, 난 그 시간과 환경을 통하여 '작은 한국'을 그곳에서 보았다. 교민, 지·상사원, 공사 직원, 이 세 부류의 삶의 모습과 의식 구조들을 한 눈에 볼 수 있었다. 화목할 수 없는 구성원들이었고 축소된 대한 민국의 삶이었다.

이 기회에 모두에게 전도해야겠다고 생각하고 믿음으로 무용할 것을 제안했더니 슬쩍 빠져나간 부인들도 있었지만 그들을 위해 차를 태워 모셔오고 가며, 지성을 다해 가르치며 섬겼더니 그 모임이 성공적인 모임으로 변했다.

이 역시 하나님께서 하신 일이었다.

결국, 무용을 연습한 것이 계기가 되어 멕시코에 머문 지 2년 정도 되었을 때, 발표회를 하게 되었다. 이때 대사관의 사모님까지 도와주셨고 무용을 배우셨는데 무용을 참 잘하셨다(이대 피아노 전공). 주최는 에스더 한사랑 모임이었다. 의논 끝에 모임의 이름을 만든 것이었다. 작품과 음악, 의상이 생각 외로 쉽게 준비되었고, 모 회사의 사모님이 너무도 적극적이셔서 필요한 소품과 의상까지 준비해 주셨다. 한글 학교 어린이들을 찬조 출연시키면서 약 1시간 반 가량의 긴 공연을 하였다.

앞서, 성경 공부팀을 통하여 하나님이 큰 일을 하셨다고 하였는데, 그들이 무용 연습팀을 섬기는 주역할을 했으며, 다소 불화하였던 세 교회의 목회자, 성도들 또 교민, 대사관 직원, 지·상사 직원들의 껄끄러움이 성경 공부팀과 무용팀의 화합으로 화목을 이루는데 지대한 역할을 한 것이었다.

'작은 한국'의 단합이었다. 솔직히 멕시코 생활 동안 남편에게 꾸중을 자주 들었다. 가정을 위해서 학교까지 휴직하고 와서는 가정은 뒷전에 둔다고…, 남들은 토요일만 되면 저지대에 갔다오면서 피로도 푸는데, 토요일까지 일을 하고, 일요일은 더욱 북새통을 핀다고…. 못 믿을 여자라고….

정말 최선을 다한, 순종의 시간들이었다. 이런 와중에 난 무용 학교에서 한 학기가 끝날 때마다 치러야 하는 실기 시험(무대에서 공개적으로 함)을 딸과 같은 학생들과 2년 동안 네 번을 치러야 했다.

고산 지대….

구두를 신고 빠른 속도의 다리 움직임으로 구성된(싸파티아) 멕시코 민속 무용을 한참 추고 나면 가슴이 뻐근해지면서 산소 부족 현상을 느끼고, 360°

활타(치마)와 긴 숄을 움직이며 추었던 즐겁고 낭만적인 그들과의 2년의 생활, 그리고 실기 시험 때마다 한국무용 공연과 선교 무용을 할 수 있게 하셨던 하나님, 마지막 실기 시험 때, 많은 학생들의 "순자! 순자!"를 외치던 환호성, 사랑의 환호성 속에서 하나님을 높여 드리는 「존귀하신 주」 선교 무용으로 마지막 장식을 할 수 있도록 하여 주신 하나님. 참 감사합니다. "지극히 높은 곳에서는 하나님께 영광이요 땅에서는 기뻐하심을 입은 사람들 중에 평화로다 하니라"(눅 2:14).

존귀와 영광을 받으시기에 합당하신 하나님.

참으로 빈틈없이 하나님의 일을 이루시며 인도하심으로 보낸 흡족한 멕시코 생활이었다. 에스더 한사랑 주최의 공연이 끝난 지 얼마 안되어 남편은 다시 한국으로 발령을 받았다. 하나님은 멋있게 일을 하신다.

한국에 있을 때에도 미리암 선교단 몇몇 집사님들과 하나님에 대하여 그렇게 표현한 적이 있었다. 선교 공연 일정이 잡혀서 밤늦게까지 연습할 때가 되면 남편들을 해외 출장을 보내신다는 것이었다. 실로 나도 그랬기 때문에, 하나님께서 이루시고자 하는 일을 위해 우리의 형편을 따라 늘 환경을 만드신다는 것을 알 수 있다.

갑자기 한국으로 2년 반만에(남편은 가족보다 일찍 멕시코에 들어갔기 때문에 우리보다 멕시코에서 산 시간이 길다) 떠나게 되었다. 나는 3년을 휴직하고 나왔기 때문에 아이들의 교육 문제가 있어서 미국으로 가 아이들을 미국에 정착시키고 남편은 한국으로 들어가기로 했다.

순간적인 결정이었다. 우리 가족은 다시 미국으로 95년 8월에 이사를 했다.

공항에서 울며, 섭섭해 하던 많은 성도들을 뒤로 하고…. 주님의 이름으로 축복하고 떠났다. 부족한 자를 믿고 따라 주셨던 그분들 또한 십자가 군병, 사랑과 겸손의 십자가 군병들이었다.

하나님께서 주신 은사

멕시코에 있는 동안 나는 여러 사람의 도움으로 공연을 할 수 있는 기회를 여러 차례 갖게 되었다. 어디를 가든지 무용복과 음악을 대체로 준비하는 편이었기에, 공연하는 데에는 큰 불편이 없었다. 도착한 지 한 달도 채 안되어서 멕시코 모 대학에서 공연을 하게 되었다. 그때 나는 나의 몸이 내 의지대로 움직여지지 않는 것을 알았다.

멕시코가 고산 지대라서, 앞으로도 뒤로도 움직이는 것이 한국과는 다른 것을 모르고 짧은 시일 내에 연습을 하고 공연을 하니, 내심 걱정이 컸다.

긴장이 많이 되었으나 다시 하나님께 의지하고 능력을 구하며 공연에 임하였다. 대체적으로 외국 선교 공연은 민속무용과 더불어 선교 무용을 하는 것이 나의 일상적인 방법이다.

무엇을 하든지 주님이 기뻐하시며, 또 주님을 만나야 하는 그 어떤 한 영혼을 위해서 기꺼이 그렇게 하는 것을 마땅한 것으로 생각하고 있다.

공연 후의 평가는 아주 좋았다.

내가 멕시코에 처음 갔을 때, 많은 크리스천들이 내게 들려 준 말은 "멕시코에서는 함부로 전도하면 안된다"였으며, 길에서도 잡혀간다고 하면서 주의를 줬는데, 차를 타고 가면서 전도지를 주거나, 무용 학교에 가서 전도지를 주거나, 집에 방문하는 자들에게 전도지를 주거나, 잡혀간 일이 없었듯이 무용 공연에서도 그러한 일은 없었다. 그 이후, 출석 교회 성도님 가운데 한 분이 캐나다에서 지속적으로 멕시코용 전도지를 보급해 주었다.

그 후로도 주로 대학에서 초청한 공연을 그러한 스타일로 계속했으며 멕시코 무용 학교 학생들에게도 한국무용을 가르쳐서 멕시코인들에게 선을 보이는 등 짧은 시간이었지만 주님의 능력으로 많은 일들을 할 수 있었다.

무용이라는 은사를 갖고 있는 나를 통해 곳곳에 복음을 전하도록 하신 하나님. 한국 교회 집사님들이 에스더 한사랑회 공연을 통하여서도 「나 같은 죄인 살리신」 「존귀하신 주」를 공연하였는데 비전문가인 주부들의 솜씨었지만 그 은혜는 이루 말할 수 없었고, 성령의 기름 부은자들의 그 열정과 순종과 합력함은 세상 사람이 모르는 은혜의 능력이었음을 알 수 있었다.

하나님의 계획, 하나님의 구속, 하나님의 인도하심이었다.

"사랑하는 자여 네 영혼이 잘 됨 같이 네가 범사에 잘 되고 강건하기를 내가 간구하노라"(요삼 1:2).

지금까지의 삶 가운데서 가장 강건한 자의 모습이었다고 생각된다.

늘 선교 뒤에는 큰 어려움이 있었지만 그리고 실족함이 있어서 주님께 늘 죄송하지만 어린아이들, 중고등부, 대학생, 일반인들, 그 연령이나 신분에 관계없이 두루 섬기며 눈짓 하나만으로도 가능했던 십자가 군병인 지·상사 사모님들의 아름다운 영적 결합은 으뜸가는 것이었다.

어린아이와 같던 내가 다소 장성한 자로 훈련된 귀한 시간이었다.

"때가 오래므로 너희가 마땅히 선생이 될 터인데 너희가 다시 하나님의 말씀의 초보가 무엇인지 누구에게 가르침을 받아야 할 것이니 젖이나 먹고 단단한 식물을 못 먹을 자가 되었도다 대저 젖을 먹는 자마다 어린아이니 의의 말씀을 경험하지 못한 자요 단단한 식물은 장성한 자의 것이니 저희는 지각을 사용하므로 연단을 받아 선악을 분변하는 자들이니라"(히 5:12-14).

또 하나님께서는 고린도전서 1장 27절 말씀처럼 "그러나 하나님께서 세상의 미련한 것들을 택하사 지혜 있는 자들을 부끄럽게 하려 하시고…"의 진리의 말씀을 나를 통하여 이루셨다.

무용이라는 은사를 통해 앞서도 밝혔듯이 다양하고 많은 귀한 영혼들을 섬기며 합력하는 가운데 주님의 나라 확장에 쓰임 받을 수 있었던 것은 겸손히 섬기는 믿음의 순종이었다고 생각한다.

또 다른 사역지, 미국

다시 우리 가족은 95년 8월에 미국 뉴저지주로 옮겼다. 뉴욕 대학에 다니고 있는 무용 후배와 멕시코 한인 교회에서 알았던 한 자매의 도움으로 뉴욕 교육 대학의 스페셜 학생으로 등록을 마치고 아이들은 뉴저지의 공립 학교에 다니게 되었다. 남편은 한국에서 근무해야 했지만, 아이들은 회사의 도움으로 미국에서 공부를 하게 된 것이다. 이 또한 상식적으로는 이해가 안되는 하나님의 도움이었다.

그러나 우리 부부 중 특히 내가 아이들 교육에 대해서는 개방적이다 못해 무관심한 편이었다고나 할까, 내가 평소 갖고 있는 견해는 공부만큼은 아무나다 잘하는 것이 아니고, 억지로 되는 것이 아니다라는 생각이[잘못된 생각(?)] 지배적이어서 한국에서의 유초등 교육도 주로 사회 생활과 미술 교육에 치중을 했고 멕시코에서의 중등 교육 역시 스스로 하도록만 하였다. 실상 아이들에 대한 외국 유학을 적극적으로 생각해 본 적이 없는 터에 남편 없이 미국 생활을 내가 아이들과 한다는 것이 여러모로 합당치 않음을 느꼈고 늘 불편함이 있었다. 여하튼 주어진 환경이라서 아들에게는 플루트 공부, 딸에게는 피아노 공부를 과외로 시키면서, 멕시코에서 하였던 공부가 정리가 될 수 있도록 미국에서는 다소 공부에 신경을 썼다. 아이들도 멕시코보다 미국에서의 공부를 좋아하는 편이었다.

교회 선택은 우리 가족에 대하여 아무도 모르는 교회를 택하고 조금은 자유롭게 생활을 하였다.그 이유는 멕시코에서 사실 많이 지쳐서 왔기에 휴식이 필요하다고 생각했기 때문이었다. 그래서 마음의 여유가 있을 때, 주보를 보고 감당할 만한 봉사를 교회나 성도가 알아주든 안 알아주든 자발적으로 했고 아이들과 같이 교회가 인도하는 영어 시간에 들어가서 공부도 하였다.

뉴욕 대학에 나가는 날에는 교회에서 나오는 전도지(영문 전도지)를 무용과 학생들에게 전해주고, 집으로 돌아가기 20-30분 정도를 캠퍼스에서 노방 전도를 하였다.

"This is for you." 맞는 말인지 틀리는 말인지도 모르고 나오는 대로 전도지를 전해 주었다. 어느 날, 지나가던 미국인이 지난 번하고 같은 것이냐고 물었다. 내가 무엇을 하는지 그 미국인이 알고 있다는 것과 관심을 갖고 있다는 것에 대하여 나는 참 기뻤다. 또 어떤 학생은 뉴욕 대학 근처에 어떤 교회가 좋으냐고 물었다. 나의 준비가 부족하여 그에게, 또 하나님께 죄송했다. 할 수 없이 모 교회 연락처와 캠퍼스 내의 기독 모임을 소개해 줄 수밖에 없었다.

"하나님, 제가 언제나 주님의 기쁨이 되기를 원하는데 미국에서는 이 정도로 주님께 순종하겠습니다." 일에서 탈피하여 편안하게 안식하기를 원했기에 적당히 나름대로 절제를 하며 복음을 전했다. 무용과 교수님에게도 말씀과 하나님 사랑에 대하여, 교수가 학생에게 믿음으로 무엇을 해야 하는지도 짧은 영어지만 전했다. 그 교수는 나를 친근히 그리고 친구처럼 대해 주었다. 나는 매 시간 강의 시간에 배운 것을, 느낀 것을 쓰는 숙제가 있었는데 그 내용을 그 교수는 관심 있게 읽었으며 토론했다. 나도 실은 거침없이 그 강의를 통하여 느낀 것을 믿음 안에서 썼기에 자연스러운 관계로 공부할 수 있었다.

겨울이 될 즈음 딸은 내게 한국으로 가야 되겠다고 했다. 지금이 자신이 한국에 들어가야 할 때 같다고 설명을 자세히 하기에 그러면 금식을 하면서 1주일 뒤에 결정하자고 하였다. 딸도 같이 금식을 하루 한 끼씩 하였다. 1주일 뒤에 한국으로 가는 것을 확정하였다. 나도 복직을 하려면 한 학기가 더 남아 있었지만 강의 시간표를 짜기 전에 학교에 연락을 하면 될 것 같은 생각이 들어 남편을 통하여 모든 절차를 밟았다. 숙명여대에서도 좋다고 하였고 아이들 귀국 문제는 미국 학교나 주변에 많은 사람들이 말렸지만 아이들의 뜻대로 결정하여 그 이듬해 1월에 한국으로 돌아왔다.

2년 반의 해외 생활이었지만 내게는 아름다운 일, 슬픈 일, 안타까운 일 등이 많았는데 그 가운데 영적으로 우리가 서로 도움이 될 수 있는 이야기를 소개하고 싶다.

미국에서 어느 날 아이들과 사귀는 한국 친구 가운데 자기네 교회에서 집회가 있다고 하여 갔었다. 아이들 친구의 엄마는 교회 반주자였고, 아버지는 사진사였으며 교회에서 촬영에 관한 일을 맡아 하시는 것 같았다. 집회 끝난 후, 식당에서 친교가 있다고 하여서 식탁에 둘러앉아서 식사를 하고 간단히 형식적인 소개를 받고 이야기하고 집으로 돌아온 일이 있었다.

식탁에 앉아서 이야기하는 동안에 아이들 친구가 부모님이 싸운 이야기를 하였는데 남의 가정 일이고, 부부 일인데 하며 스쳐가는 말로 듣고 집으로 왔다. 그 이튿날 난 너무도 슬픈 소식을 듣게 되었다. 아이들 친구 엄마가 집에서 목을 매달아 자살한 것이었다. 난 순간 주님께 무릎 꿇고 회개하였다. "어떻게 내가 어디를 가든지 내 볼 일만 보고 오고, 삯꾼과 같이 대접받는 일만 하고 올 수가 있습니까?" "그 아이들이 가정 이야기를 할 때, 나의 하나님, 내게 은혜를 베푸셨던 하나님을 자랑하고 빛을 발해야 하는데, 주님 죄송합니다. 아이들을 통해서 그곳으로 인도하셨을 때, 내 마음이 깨어 있었어야 하는데, 내 볼일만 보고 온 것을 용서하세요."

아까운 한 생명이 그 영적 전쟁을 믿음으로 치르지 못하고 간 것이다. 후에 들은 이야기인데 남편이 다른 여자와 사귀고 있었으며, 아내는 그 일로 괴로워하다가 세상을 떠난 것이었다. 불쌍한 사람이었다.

멕시코에서도 부부 사이가 좋지 않은 한 가정을 통해서 슬픈 일이 있었다.

젊은 엄마였는데 나와 처음 만났지만 가정의 모든 흉허물 없이 다 이야기해 주었다. 난 그 이후 그 엄마에게 교회에서 만나면 관심을 가져주었다. 어느 날, 그 엄마가 혼자 한국으로 간다는 말을 들었다. 느낌이 이상해서 목사님에게 그 가정을 심방하시면 어떻겠냐고 말씀을 드렸다. 남편과 아이들만 있기에 여자인 나보다 남자 분이 가는 것이 좋다고 판단했기 때문이었다. 그런데 안타깝게도 목사님은 내 말에 귀를 기울이시지 않은 것인지, 바쁜 일이 있으셨던

지, 그 가정을 돌보지 못한 상태였는데, 그 남편과 아이들이 송구영신 예배를 한 가정에서 드리고 아빠가 술에 약간 취한 채, 운전하여 집에 가다가 아버지와 딸이 사고로 죽고 아들만 무사하여 고아가 된 일이 있었다.

난 그때, 하늘을 향하여, 통곡하며 울었다.

"…너희로 사람을 낚는 어부가 되게 하리라 하시니"(마 4:19). 하신 말씀이 생각나면서 왜 나는 내가 할 일을 남에게 넘겼을까? 내게 보여주신 그 영적 황무함을 왜 내가 남에게 넘기고 나는 편안히 있으려 했을까? 어두움에, 마귀에게 빼앗겨 버린 그 영혼을 생각하며 난 통곡하지 않을 수가 없었는데 미국에 와서 다시 이런 일을 겪고 나니 난 너무도 하나님께 죄송하였다.

또, 멕시코에서 미국에 먼저 들어와 내게 같이 교회를 다니자고 했던 집사님이 귀국 바로 직전, 출석 교회에서 내게 간증을 원한다고 하여서 있는 동안 같이 교회도 못 다녔는데 인사차 간다고 금요 예배에 가서 그 간의 믿음 생활에 대하여 간증을 하였다. 다시 주일에도 하기를 원하셔서 할 수 없이 간증을 하였는데 주일 날, 그 집사님이 보이지 않았다.

교회에서 예배를 마치고 다시 그 집사님께 연락을 했는데 소식이 없었다. 그런데 하루가 지나 그 집사님이 연락이 오기를 간증한 교회 목사님이 우리 집을 심방하기 원하신다고 하셔서 이삿짐을 다 내보낸 텅 빈집에서 하루 종일(오전 10시경부터 오후 4시까지인 것으로 기억됨) 성경 공부를 하다시피 하였다. 목사님 말씀이 끝날 즈음, 그 집사님이 나를 보고 원망하기 시작하였다. 그렇게 하나님이 좋으신 분이면 교회에서 봉사를 하고 그 영혼이 그렇게 귀중하면 학생들도 돌보고, 자기 아들도 좀 인도해 주지 못했느냐고 느닷없이 야단을 치셨다. 난 난감하였다. 괜히 간증했구나! 소리 없이 떠나야 했는데 잘난 척을 하였구나 하는 생각이 들면서, 그저 미안하다고 하였다(나의 진정한 맘은 전혀 알아주려 하지 않았다). 오히려 목사님께서 중간에서 오해를 풀어 주시느라 애를 쓰셨는데, 그때 목사님께서는 나의 생활을 이해하시고 한국에 들어가서 해야 할 일을 그리고 전도에 대한 것을, 무용을 작품화하는 것 등을 집약해서 말씀해주셨고, 많이 위로해 주셨다.

내게 영적 치유를 위한 장로님 내외분도 소개해 주셨지만, 난 귀국 후 그분들을 만나뵙지 않았다. 나에게 큰 분노를 가졌던 그 집사님, 난 그분을 이해한다. 죽어가는 영혼들, 말을 잘 듣지 않는 자기 귀한 아들을 어떻게 해서라도 믿음을 갖게 해 주고 싶어하셨던 그 마음을 뒤늦게 난 알았다. 참으로 죄송했다.

떠나기 바로 전날 낮에는 목사님과 집사님의 심방을 받고 종일 성경 공부와 더불어 한 차례 야단을 맞고, 저녁 식사 후, 다음날 새벽에 출발하기 위해 잠자리에 들 즈음, 미국에서 알게 된 다른 여자 집사님의 방문을 받게 되었다. 나에게 평소 언니처럼, 엄마처럼 잘 대해 주시던 분이었다. 이런저런 이야기 끝에, 큰아들 이야기를 꺼내셨다. 뉴욕 대학 다닐 때의 이야기를 하시며 동성애자들의 기숙사 침입을 통하여 동정을 빼앗긴 이야기를 망설이다가 하셨다. "뉴욕 대학은 지옥 대학입니다"라고 하시면서, 그 상처 이후, 큰아들이 마음의 상처를 치유받고 제자리에 서기까지 고생한 이야기를 다 하신 후, 왜 하나님이 그런 아픔을 주셨는지 이유를 말씀하셨다. 그 이유인즉 그 집사님은 평소 취미가 골동품 수집이었는데, 그 골동품 중에는 하나님이 싫어하시는 우상이 많았다는 것이며, 그것을 하나님이 싫어하셨다는 사실을 깨닫고 그 이후 모두 정리하여 버리셨다고 하셨다.

새벽 2시가 넘도록 그 집사님은 계속 말씀하셨다. 나를 만나게 하셨던 분들, 하나님의 위로와 치유, 도움과 사랑이 필요하셨던 분들이었다.

또, 대학에 몸담고 있는 내게 하나님은 이분의 말씀을 통해 대학 학문의 진정한 발전이 무엇이며, 내가 무엇을 위해 대학에 있어야 하는지를 크게 깨닫게 하신 분이었으며 말씀이었다. 우리는 서로 눈물로 손잡고 사랑하는 자녀들, 사랑하는 미래의 일꾼, 청년들을 위해서 기도하였다. 다시 한 번 예수님의 말씀이 생각난다. "너희는 나를 위하여 울지 말고 너희와 너희 자녀를 위하여 울라."

하나님께서 나를 철저하게 말씀으로 무장시키셨다.

한국으로 돌아가서 어떻게 살아야 하는지, 목사님과 집사님들의 만남, 사건들을 통하여 마음을 굳게 하도록 하셨다. 또한 한국에 돌아와서 집안 가재도구 가운데 우상품들을 정리하여 버렸다. "그런즉 내 사랑하는 자들아 우상 숭배하는 일을 피하라"(고전 10:14).

마음속에, 환경 속에, 물질 속에, 생활 속에 많은 우상들은 우리를 유혹한다. 지식인에게는 지식으로, 물질이 필요한 자에게는 물질로, 사랑이 고갈된 자에게는 썩을 사랑으로, 명예를 좋아하는 자에게는 명예로⋯. 깨어 분별하는 믿음이 있어야 한다.

"너희의 허물과 죄로 죽었던 너희를 살리셨도다 그때에 너희가 그 가운데서 행하여 이 세상 풍속을 좇고 공중의 권세 잡은 자를 따랐으니 곧 지금 불순종의 아들들 가운데서 역사하는 영이라 전에는 우리도 다 그 가운데서 우리 육체의 욕심을 따라 지내며 육체와 마음의 원하는 것을 하여 다른 이들과 같이 본질상 진노의 자녀이었더니"(엡 2:1-3).

짧은 시간 눈을 붙이고 공항으로 향하였다. 회사 직원 몇 분이 전송을 해 주었다. 내 스스로 결정한 한 학기간의 휴식, 그 휴식을 이제 마치고 다시 삶 속으로 돌아가야 하는 부담감과 며칠 새 덧입혀 주신 하나님의 말씀을 마음 판에 새기며 2년 반 만의 해외 생활을 마치고 고국으로 돌아왔다.

숙명선교회와 선교 무용단을 섬기며

한국에 돌아와서 나는 숙명여대와 숙명선교회, 선교 무용단을 섬기게 되었다. 미국에서 돌아와 바로 집으로 들어갈 수가 없는 상황이라서 여동생 집에 일주일 정도 신세를 지고 집으로 돌아와 모든 것이 안정이 되지 않았다.

여전히 숙명선교회는 매주 토요일마다 아침 8시에 모여서 성경 공부, 기도, 교제, 회의 등으로 1시경이 되어야 모임이 끝났다. 도착해서 숙명선교회를 나가야 하는 날 아침에 너무 피곤해서 이번 주는 나가지 말아야겠다고 생각하고 잠시 눈을 붙였는데 꿈 속에서 머리를 풀어헤친 여대생들이 십자가에 줄줄이 내던져지는 모습들이 보였다. 순간 나는 소스라치게 놀라서 일어났다. 시계를 보니 8시가 약간 넘은 듯 하였다.

꿈 속의 모습 때문에 몸을 일으켜 성급히 숙명선교회로 향했다. 하나님은 나를 게으르게 두지 않으셨고 캠퍼스 복음화를 위하여 일으켜 세우신 것이다. 선교회에 나가보니 보고 싶었던 얼굴들이 나를 너무 반갑게 맞이하여 주었다. 마치 내가 올 것을 아시는 분처럼 기뻐하셨다. 그날로 총무 일을 맡게 되었다.

2년 반전보다 좀 성숙한 믿음과 희어진 머리카락, 그리고 영적 전쟁을 치르기 위해 준비된 노장의 모습이 되었다. 몇 년 전만해도 '아가씨'라고 종종 불렸는데 어느 새 나는 중년으로 넘어가고 있었다. 어느 분이 지나치는 말로 "박 교수, 그 흰 머리카락은 하나님의 영광이니 염색하지 말아야겠어요"라고 했다.

아주 순간적인 표현이었지만 내게는 실로 2년 반 동안의 고생(?)을 대변하는 듯한 말이었다. 정말 하나님께서 검은머리카락을 흰머리카락으로 변화시키시어 애송이의 티를 벗게 하셨다는 생각이 들었다.

총무 일을 하면서 캠퍼스 내의 믿음의 사람들을 많이 만나게 하셨고 여러 가지 예배를 통하여 그간의 경험된 신앙 생활을 적용할 수 있었다. 학교에서의 생활은 종전보다 좀 편안하게 교수님과 학생들을 가까이 대할 수 있었고 강의시간 내의 전도 또한 더욱 담대히 전할 수 있었다. 학생들의 반응이 때로는 나의 자존심을 상하게도 했지만 내가 받는 질시는 예수님이 받으시는 것이라는 믿음과 더불어 과거 청년의 때에 고집스럽게 예수님을 부인했던 시절을 기억하며, 그들을 감싸고 이해할 수 있는 처지였기에 과목에 따라 담대히 성서적 교재도 택해서 할 정도였다.

교양 과목도 2-300명씩 강의하면서 예수님을 증거하는 일을 그 무엇보다도 먼저 행했으며 복음을 증거하고 나면 매 학기 강의는 하나님께 맡기겠습니다 하는 마음으로 큰 부담을 느끼지 않고 지낼 수 있었다.

내가 실제 무용과 교수이면서도 타과 학생들과의 믿음에 대한 교제가 빈번한 편이었고 전도되는 학생도 매 학기마다 나오고, 믿음의 학생들이 내 강의를 일부러 신청하는 일도 생겼다.

선교 무용단은 반가운 모습으로 다시 만나 늘 하던 대로 일주일에 한 번씩 고정적으로 만나 기도하고 연습을 하게 되었다. 내가 없는 2년 반 동안 고등학교 때부터 나를 위해 기도했다는 제자인 집사가 고생고생하며 잘 섬기고 있었기에 모임을 다시 갖는 데에는 큰 어려움이 없었다. 간간이 교회에서나 수련회 때 선교 무용 초청이 있었다.

그러던 어느 날 난 큰 시험에 빠졌다.

무용 단원들을 섬기는 생활에 대한 염증이었다. 아니 이렇게 오랜 시간 섬기고 믿음도 좋아졌으면 이제 일찍도 오고 음식도 때로는 만들어서 가져오기도 하여야지 매일 나만 이렇게 하면 어떻게 하란 말인가? 단원들에게는 솔직한 이유를 이야기 안하고 잠시 쉬어야겠다고 했다. 1년 정도 하다가 단원들에게 이야기하고 모임을 중지하였다.

하나님께 정말 힘들다고 고백하고 허락받고 쉰 것이었다. 그렇게 6개월 정도를 쉬었던 것 같다. 모이던 단원들이 하나 둘씩 소식이 오고 언제 모이느냐고 하였다. 자원하는 사람, 모임에 의미를 갖고 있는 사람, 나를 필요로 하는 사람, 선교에 미련이 있는 사람 등으로 판단되는 몇 명을 중심으로 어렵게 모임을 다시 시작하였다.

시작한 지 채 한 달이 안돼서 기독교 단체 여름 수련회에 초청을 받았다. 모처럼 기분 좋게 오붓하게 도시락까지 싸서 야유회겸 해서 자동차 한 대로 용인 근처에 있는 수련관으로 갔다. 모인 분들은 전도사님들이 대부분이었다. 수련회 공연을 하기 전에 목사님이 나오셔서 설교를 하시는데 " 혹시 여러분들 가운데 여러분들이 지고 있는 그 무거운 짐들을 무겁다고 내려놓으신 적은 없습니까? 여러분들을 믿고 의지하는 양떼들을 귀찮고 무겁다고 버린 분은 없습니까? 예수님께 의탁하면 되는데 왜 여러분이 스스로 지고 무겁다고 버리고 방치하고 무관심했습니까? 우리들은 예수님을 믿고 의지하여야 합니다. 그것이 성도의 길이요, 성도의 본분입니다"라는 말이 내 귀에, 내 마음에 쟁쟁히 울려오기 시작했다 .

"아! 왜 이 수련회에 나를 부르셨는지 왜 이 무용단을 부르셨는지, 지난 날 나의 잘못된 믿음을 일깨워 주시려고 나를 이곳까지 인도하시고 인격적으로 말씀하고 계시는구나"라는 고백이 저절로 나왔다.

"참으로 나는 몇 안되는 그 영혼들, 처음에는 복음을 전하겠다고 스스로 자원해서 모임을 하던 내가 이제 내 뜻과 같지 않고 나를 받들어 주지 않는다고 내가 이들을 버렸구나" 하는 생각이 들었다.

다른 믿음과 순종보다 무용하는 사람들과의 교제를 통한 순종은 교제의 성격이 몸과 몸을 부딪히며 연습 과정을 통하여 자아들이 모두 표출되어서 그런가는 몰라도 무척이나 어렵다. 그러나 목사님의 말씀을 듣고 보니 나의 믿음은 예수님을 전적으로 믿고 의지한 것이 아닌 내 자아의 인격, 능력, 실력에 의한 것이 더욱 크다는 것을 알게된 것이다. 나는 다시 회개와 감사의 은혜로 하나님을 향하여 춤을 출 수밖에 없었다.

"오! 하나님! 전지 전능하신 하나님 나의 오랜 불순종에도 마다하지 않으시고 참으신 하나님 이렇게까지 인격적으로 다루어주시니 감사합니다."

해외에서 은혜받고 온 지 얼마 안되어서 나는 이렇게 탕자의 길을 가고 있었던 것이다.

요한복음 21장 15-17절에서 "…요한의 아들 시몬아 네가 이 사람들보다 나를 더 사랑하느냐 하시니 가로되 주여 그러하외다 내가 주를 사랑하는 줄 주께서 아시나이다 가라사대 내 어린양을 먹이라 하시고 또 두 번째 가라사대 요한의 아들 시몬아 네가 나를 사랑하느냐 하시니 가로되 주여 그러하외다 내가 주를 사랑하는 줄 주께서 아시나이다 가라사대 내 양을 치라 하시고 세 번째 가라사대 요한의 아들 시몬아 네가 나를 사랑하느냐 하시니 주께서 세 번째 네가 나를 사랑하느냐 하시므로 베드로가 근심하여 가로되 주여 모든 것을 아시오

매 내가 주를 사랑하는 줄을 주께서 아시나이다 예수께서 가라사대 내 양을 먹이라" 하신 말씀의 의미를 다시 한 번 깊이 깨달았다.

하나님의 은혜를 받은 자, 하나님의 사랑을 아는 자가 곧 하나님 때문에 양을 먹이고 키우는 것임을 늘 안다고 했으나 언제부터인가 실족한 믿음의 발걸음을 난 가고 있었다. 주여! 첫믿음, 첫사랑으로 하늘나라갈 때까지 기쁨과 감사로 순종하게 하소서!

나는 한국에서, 가족은 미국으로

미국에서 돌아온 지 2년 만에(남편은 멕시코에서 온 지 약 2년이 되었다) 우리 가족은 또 헤어져야 했다. 남편은 미국 지사로 발령을 받았기 때문이다. 나는 학교를 그만두지 않고서는 이제 움직일 수가 없었다. 딸은 지방 대학에 1학년 1학기이고, 아들은 고등학교 3학년 1학기였다. 남편은 미국, 딸은 지방, 나와 아들은 서울에 있어야 하는 난감한 상태였다. 미국은 인건비도 비싸고 혼자 살기가 어려운데 어떻게 하면 좋을까 생각 끝에 아이들 모두 미국으로 보내기로 작정했다. 2년 전 미국에서 돌아온 아이들을 생각할 때 미안한 마음이 있었지만 또 다시 미국으로 돌려보내야 한다는 생각이 들었고 나름대로 지금은 그 이유를 이야기 할 수 없지만 믿음의 확신이 있었다.

남편에게는 그간 아이들과 산 시간이 별로 없으니 아이들을 출가시키기 전에 마지막 봉사라고 생각하고 함께 가는 것이 좋겠다고 했고 아이들에게는 아빠가 혼자 살면 힘드니 딸은 아빠를 도우며 공부를 하고 아들은 가서 누나를 도우며 공부하도록 권면하였다. 온 가족이 뿔뿔이 흩어지느니 한 곳에 모여야 한다는 생각이 들어 나로서는 힘든 결정을 하게 되었다. 모두들 거북하게 생각하였다. 하나님께서 가장 정상적으로 주신 조건을 잘 사용해야 한다는 생각에서 특별히 반대하는 딸을 설득시키는데 시간은 걸렸지만 준비를 해서 8월 중순에 들어갔다.

워낙 외국 생활에 힘이 들었기에 짐도 간단히 가지고 출발했다. 외국에 나가 돈을 벌었지만(늘 우리 부부는 결혼 초부터 많은 돈을 길에다 버린 듯한 느낌이었다) 멕시코에서 미국으로 미국에서 한국으로 옮겨 다니며 아이들 학비와 가구와 자동차 등 사고 파는 데에 많은 돈을 낭비했다. 내가 살림을 제대로 못해서 더욱 그랬다는 생각이 들었다. 남편에게 많이 미안했다. 그래서 미국으로 다시 갈 때는 1인당 트렁크 하나로 옷가지, 그릇, 공부할 책 등 간단히 준비하고 출발했다.

나는 겨울 방학에 가족을 방문하기 위해 미국에 들어갔다. 얼마나 힘든 생활들을 하는지 그때 들어가서 알았다. 그러나 회사에 근무를 안 할 수도 없고 남들은 억지로라도 공부를 시키려고 머리를 짜는데 주어진 상황을 감당 못한다면 말도 안된다는 판단 아래 우리 부부는 기도하며 믿음으로 난관을 넘기기로 하였다. 산책길의 미국의 밤하늘은 유난히 크고 넓어 보였다. 우리 부부는 무척이나 작게 느껴졌다.

며칠 후 멕시코에서 알았던 집사님 한 분이 내게 연락을 하셨고, 숙명여대 후배(음대 출신) 한 분을 알게 되어 이야기하던 끝에 선교 무용을 두 분들이 출석하시는 두 곳의 교회에서 하기로 결정을 하였다. 또 남편이 샌디에고에서 열리는 미국 중장비 전시회에 한국무용을 소개했으면 좋겠다고 해서 선교 무용을 포함한다는 조건 하에 심사숙고 끝에 공연하기로 하였다. 거의 나는 외국을 가게 되면 무용 의상, 음악을 갖고 다니는 편인데 이번 여행에는 오직 가족 방문에 중점을 두었기에 공연을 위한 그 무엇도 준비되어 있지 않은 상태였으므로 한국에 급히 연락을 해서 의상과 음악을 전달 받았다. 선교인이 무기를 들고 다니지 못한 죄송함이 있었다. 한 번 정도 쉬려고 하였는데 하나님은 그때도 내게 세상 염려를 뒤로 하고 오직 주의 복음을 전하며 길잃은 양들과 하나님의 사랑과 위로를 필요로 하는 이들에게 나를 사용하기로 작정하셨던 것이다. 급히 연락을 했는데도 완벽하게 준비해서 보내준 선교단원들에게 감사한 마음을 전한다.

하나님의 방법으로 준비된 결혼기념일

남편과 같이 샌디에고에 갔던 일을 소개하기로 한다. 샌디에고에 도착했을 때 도시의 모습은 너무도 정갈하고 조용했다. 뉴저지에서 느꼈던 차갑고 적막했던 곳이 아닌 평화롭고 따사함이 있는 곳이었다. 여장을 풀고 늦은 시간이었지만 저녁을 먹으러 식당에 갔다. 역시 여유로운 쉼이 있는 분위기였다. 참으로 오래간만에 접하는 환경이었다. 선뜻 남편이 결혼 20주년이 다 되어간다고 말문을 열었다. 나는 깜짝 놀랐다. 전혀 생각지 못했던 이야기였기 때문이었다.

나는 전혀 잊고 살았다. 내가 결혼한 지 몇 년이 되었는지 몰랐다. 그저 하루하루 주님께서 인도하시는 대로 살았다는 생각외에는….

남편에게 미안했다. 그리고 이곳까지 인도하신 분은 역시 하나님이시라는 확신과 기쁨이 다시 내게 생겼으며, 난 다시 한 번 남편에게 미안하다는 마음을 깊게 느꼈다. 우리는 잠시 깊은 상념에 빠졌고 곧 나온 저녁식사로 인해 분위기는 다시 활기를 띠었다. 우리가 스스로 계획한 일이 아니었음에도 하나님은 우리에게 합당한 시간과 환경을 허락하셨다.

이튿날, 아침에 공연할 장소로 향했다. 공연 장소는 부둣가에 대기하고 있는 유람선이었다. 무척 큰 배일거라 생각했으나 내 생각과는 달리 공연하기에 좁은 공간이었다. 그래도 관계자들 이야기로는 무척 큰 편에 속한다는 것이었다. 선교하는데에 찬밥 더운 밥 가릴 필요가 있는가?라는 생각으로 음향과 공간을 살펴보고 다시 숙소로 돌아왔다. 무용 연습할 장소조차 여의치 않아서 숙소의 한 쪽을 이용해서 연습을 하였다.

미국의 중장비 전시회는 1년에 1회씩 대대적으로 연다고 한다. 미국 각 지역에 있는 딜러들이 모이면 각 중장비 회사는 회사제품을 소개함과 동시에 딜러들을 위한 각종의 서비스를 준비하는데 남편의 회사에서는 한국민속무용 소개 및 음악으로 저녁식사초대를 한 것이다.

마침 결혼 20주년도 되어가고 그간 남편도 혼자 미국에서 아이들과 고생했는데 하나님께도 순종하고 남편하는 일을 돕는다는 것이 내게는 큰 의미가 있었다. 사업의 번창은 오직 하나님께 맡기고 우리 부부는 전도하자는 데 뜻을 모았기에 참으로 의미 있는 선교 무용과 의미 있는 결혼 20주년 행사를 준비한 것이다.

저녁이 되어 다시 부둣가 유람선으로 갔다. 저녁 그리고 공연은 시작되었는데 전혀 뜻하지 않은 일이 생긴 것이다. 아침에 와서 보았을 때는 밝고 배도

움직이질 않았는데 막상 공연이 시작되니 배는 움직이기 시작했고 저녁이라 바닷가는 어두운 상태였다. 좁은 공간에 배가 출렁이니 중심 잡기가 힘들고 실내 조명은 어두워서 자칫 잘못하다가는 넘어질 수도 있겠다는 생각이 들었다.

나는 순간 기도하였다.

'사람을 낚는 어부가 되리라 하시니라' 하신 말씀으로 힘을 내기 시작했다.

"믿습니다. 하나님, 제가 베드로와 같이 이 배에서 사람을 낚겠습니다. 힘이 되어 주십시오. 제가 행하겠습니다. 도와주세요."

다시 한 번 전지전능하신 주님을 붙들지 않으면 안되었다. 한 작품, 한 작품씩 진행하였다. 마음에 평안이 깃들고 자유함과 평온함으로 끝까지 잘할 수 있었다. 아마 무용을 하면서 이러한 체험은 처음인 것 같다. 믿음으로 복음을 위한 것이 아니라면 할 수 없는 것들이었다.

끝내고 옷을 갈아입으려고 하는데 뜻하지 않은 일이 생겼다. 사회를 보시던 미국분이 나에 대한 설명을 하더니 일제히 박수를 치기 시작했다. 그리고 나를 불러냈다. 리듬이 있는 박수를 연속해서 치기 시작했다. 너무 그들은 좋아했다. 한국무용도 좋아했지만 선교 무용을 좋아하는 모습을 보고 난 더욱 신기했고 감사했다. "하나님 감사합니다. 50여개 주 정도에서 딜러들이 모였는데 이렇게 좋아하니 하나님께서 성공하셨습니다."

난 평소 남편 회사를 위해 남편 회사의 형편, 구조 등을 잘 듣고 그것에 대해 기도를 하는 편이었다. 들을 때는 그냥 평범하게 듣지만 내 마음속에는 기도 제목을 새기면서 듣는 습관이 있었기에 회사에 연결되어 있는 지역 사람들을 위해 그들이 미주지역의 선교사, 전도사가 되게 해 달라고 기도를 했던 것이다. 그런데 지금 이 모든 사람들 대부분이 나를 격려하고 있는 것이다.

좋으신 하나님을 찬양합니다.

비행기 타고 샌디에고에 올 때 이상하게도 남편은 내게 미국 지도를 펴고 설명을 자세히 해 주었는데 그때 나는 빙그레 웃었다. 전도 전략이라는 확신이 들었기 때문이다. 미국을 위해 기도하게 하셨던 하나님, 이제 구체적으로 그 일을 이루시는 하나님, 참으로 하나님은 이 작은 자를 통하여 일을 성취해 가고 계셨다.

하나님은 내게 확증을 시켜 주셨다. 딜러 한 분이 내게 오시더니 내가 선교 무용 중 도는 춤을 추는 그 때에 어떤 빛을 보았다고 말씀해 주셨다. 성령님의 임재를 그분이 목격한 것이었다. 그분의 신나하는 얼굴, 웃음꽃을 활짝 띤 그 모습, 너무도 즐거워 하던 그 모습이 지금도 눈에 선하다.

배를 한 가운데 띄우고 사람 낚기를 시작하신 하나님! 순종하므로, 충성하므로, 절대적 믿음으로 행하므로 난 베드로의 역할을 잘 감당하였다. 밤새 하나님께서는 그들 한 영혼 영혼을 낚으셨다. 밤새…. 밤새….

우리로 썩을 것을 인하여 수고치 않고 영원히 썩지 않을 것을 위하여 수고케 하신 하나님! 결혼 20주년은 샌디에고 바닷가에서 예수님과 사람을 낚는 일로 축하연이 열렸다. 하나님이 베푸시는 잔치로….

이 미련한 딸이 얼마나 하나님의 큰 사랑을 받고 있는지요?

하나님! 고맙습니다.

🖋️ 교회의 부흥을 위하여...

뉴저지로 돌아온 나는 며칠 뒤 교회·선교 무용을 준비하였다. 나이 오십에 신학을 하여서 뒤늦게 나마 주의 길을 가고 있는 목회자가 참으로 많은 것 같다. 내가 간 두 교회는 이상하게도 모두 그러신 분이었다.

한 분은 열린 예배 분위기로….
한 분은 권위적 예배 분위기로….
한 분은 개척하는 단계에….
한 분은 자리잡혀 있는 전통 교회에서….
한 분은 교회 개척 이후 기도원 건립을 위해 밤 늦도록 밤을 지새워 그 기도원을 향하여 가셨다.
한 분은 안정된 모습으로 편안함 속에서 많은 성도들의 대접을 받으시며 목회를 하신다.

선교 무용을 하러 가면 교회마다 분위기가 모두 다르다. 그때마다 나는 침묵하고 금식하며 아버지께 구한다.

"아버지! 제게 마땅히 필요한 것으로 부어 주옵소서.

나를 사랑하시는 아버지, 나와 함께 동행하시는 아버지, 내게 성령을 부으시는 아버지, 내게 나의 뜻대로 행치 말게 하시고 오직 아버지의 뜻대로 행하게 하옵소서."

어느 때는 같은 춤인데도 가슴이 답답할 때가 있고 어느 때는 같은 춤인데도 눈물로 추게 하는가 하면 어느 때는 웃음으로 추게 하신다. 나도 어쩔 수 없는, 인위적으로 어쩔 수 없는 것들이었다.

무용하는 사람을 초청하여서 대접하는 방법도 다양하다. 그래도 교회에서 선교 무용하는 사람을 초청하는 일은 그리 흔치않다. 내가 생각하기에는 그나마 선교 무용을 초청하여서 어떠한 방법으로든 성령 충만한 교회, 성령 충만한 성도로 바꾸고 싶은 그 마음을 가진 교회는 열려 있는 교회라고 보고 싶다.

실상 나도 무용을 하면서 정말 성령 충만치 않은 내 자신의 무용을 볼 때, 회의가 오는데 교회 측에서야 당연히 심사숙고해야 할 일이라고 본다. 그럼에도 불구하고 그동안 국내에서도 교회 곳곳에서 선교 무용으로 하나님께 영광을 올리도록 하나님은 함께 하셨다.

이제 미국 교회에서 첫발을 딛는 나는 다른 지역에서 밟는 의미보다 더욱 그 의미가 컸다. 그것도 숙명여대 동문과 멕시코에서 함께 하던 집사님 소개로 하게 되었으니 일단 선교 무용에 대한 이해가 생긴 것이라고 보아야 할 것이다. 개척하는 교회와 자리 잡힌 교회 두 군데서 선교 무용의 느낌은 틀렸지만 은혜의 강물은 흘렀다. 내게도 보는 이에게도….

주로 나의 선교 무용은 많은 성도들에게 눈물의 감동을 주는 편이다. 나 역시 눈물을 참 잘 흘린다. 아니 흘리게 하신다고 표현하고 싶다. 무사히 감사히 공연을 마치고 한 교회에서 다음 해에도 공연을 해 달라는 초청을 하셨다.

다음 해에 첫 열린 예배 및 선교 대회를 위해 준비 중이시라고 목사님께서 귀띔해 주셨다. 난 첫 번이라는 그 말씀에 귀가 번뜩이었다.

"쓰실 만한 곳에 저희를 불러 주심을 감사합니다"라는 마음이 들었다.

지금껏 여러 교회를 다니던 중 두 분의 목사님에게로부터(다른 목사님도 그렇게 느끼셨지만 표현을 안하셨다고 생각함) 우리 선교 무용을 보신 뒤 '무언의 메시지'라는 말씀을 들었고, 또 말씀보다 더욱 빨리 직설적으로 은혜를 입히는 것이 무용이라는 말씀을 하셨다.

실제로 내가 무용을 하고 있지만 때로는 무용을 그만두고 말씀으로만 전도인의 삶을 살면 어떠할까?라는 생각을 가끔하는데 그럴 때는 늘 선교 무용이 갖고 있는 큰 장점을 듣게 하시면서 나의 갈등을 늘 해소시켜 주셨던 기억이 있다.

그간 국회 기도회, 교회, 화장품 회사 등의 신우회에서 말씀 간증 겸 무용으로 초청받은 적이 있다. 말씀도 은혜가 있지만 무용을 통해서 하나님의 은혜를 체험하는 경우가 많은 것을 알 수 있었다. 참으로 하나님은 버릴 것조차도 새롭게 하나님 것으로 만들어 하나님의 영광과 이름을 드높이는 데 모든 것을 사용토록 하셨다.

미국에서의 역사적인 첫 선교 이후 난 하나님께서 새로운 사명을 주셨음을 알게 되었다.

한국 선교 무용단으로 재창단

어느 날 이른 아침 공원을 산책하다가 내 앞에 앉아있던 갈매기 한 마리를 보았다. 그 갈매기는 다른 갈매기에 비해 유난히 컸다. 난 조각한 갈매기인줄 알았을 정도로 조용히 내 앞에 있었다. 얼마 후 하늘을 향해 날기 시작하는데,

그때 그 모습은 마치 배가 노를 젓기 시작하며 물살을 가를 때, 노의 삐걱거리는 소리처럼 갈매기가 비상하려는 날갯짓이 마치 그와 흡사 하였고 어찌나 그 모습이 웅장하고 거대하던지 믿음의 도전을 받았다.

"그래, 높이 날려면 튼튼한 날개를 가져야 한다. 높이 날기 위해서는 오랜 시간 웅지를 품고 준비를 해야 한다. 준비 과정과 내용이 견고해야 한다. 하나님께서는 나의 믿음의 날개를 이와 같이 하셨다"라고 독백을 하였다.

"오직 성령이 너희에게 임하시면 너희가 권능을 받고 예루살렘과 온 유대와 사마리아와 땅 끝까지 이르러 내 증인이 되리라 하시니라"(행 1:8). 지금도 그 모습이 눈에 선하다. 그 모습은 내게 하나님이 보여주신 큰 교훈이었고 비전이었다. 또 세계를 향하신 새로운 선교의 반석을 나를 통하여 이루시기 위하여 지금까지 믿음의 날개를 튼튼하게 하셨다는 것을 깨닫게 한 귀한 시간이었다.

겨울 방학을 끝내고 다시 한국으로 돌아와 그 이듬해 박순자 선교 무용단을 한국 선교 무용단으로 재창단하고 같은 해 가을에 한국 선교 예술원을 개원하였다. 이제 박순자의 이름이 아니라 한국의 이름으로 전세계를 다니며 하나님의 이름, 예수님의 이름을 높이며 하나님께서 택하신 그 백성들이 주님께로 나오도록 우리는 선교해야 한다는 믿음의 의지로 재창단한 것이다. 창단 공연시 프로그램 인사말에 나는 그 갈매기를 생각하며 좀더 높이 나는 무용 선교에 대하여 표현했다.

내가 즐겨 추는 「존귀하신 주」(내가 사랑하는 선교 무용)의 뒷부분은 그 갈매기의 날갯짓을 연상하며 "날아라, 빛을 발하라" 하나님의 영광이 온 땅에 임하도록 숨이 다하는 그 날까지 "날아라, 빛을 발하라"라고 고백하며 날갯짓 모양으로 돌며 나르며 피날레를 장식했다.

높이 날려면 튼튼한 날개를 가져야 하고 오랜 시간 웅지를 품고
준비를 해야 한다. 하나님께서 나의 날개를 이와 같이 하셨다. 그렇다.
하나님께서 주시는 믿음의 날개, 성령의 날개, 사랑의 날개를 펴서
하나님께서 허락하시는 날까지, 그곳까지 날 것이다.

그렇다. 하나님께서 주시는 믿음의 날개, 성령의 날개, 사랑의 날개를 펴서 하나님께서 허락하시는 날까지, 그곳까지 날 것이다. 한국 선교 예술원은 각 예능에 소질이 있되 믿음으로 준비된 자들로 구성할 것이다. 복음을 전하는 데 합력하여 선을 이루기 위해 무용단은 멈추지 않고 소규모지만 중창팀을 비롯 지속적으로 연주팀, 연극팀 등을 구성할 것을 생각하여 개원하게 되었다. 청파동의 만리현 성결교회 이형로 담임목사님을 비롯, 성도님들의 적극적인 후원으로 교회 내에 연습실과 사무실을 사용하게 되었다.

지금까지 많은 예배를 드렸지만 한국 선교 무용단 창단 및 선교 예술원 개원 예배 때만큼 눈물을 흘린 적이 없으며 생수가 잔잔히 넘치는 은혜의 강물을 체험한 적이 없는 듯하다.

불쌍히 여기시는 하나님께서 귀한 동역자들과 함께 이 길을 가도록 축복하여 주셨음을 진심으로 감사드리는 공연이었으며 예배였다.

할리팍스에서의 공연

미국에서 돌아와 있었던 일 중 믿음으로 행한 또 하나의 기쁜 일이 있었다. 개강 후 연구실에 가보니 편지 한 통이 있었다. 내용을 보니 "할리팍스"라는 곳에서 온 공연 초청장이었다. 이때 내가 무용학과장이었기에 그 편지가 내게 온 것이었다. 난 왠지 그 공연을 우리 선교팀이 가야겠다는 마음을 갖고 할리팍스에 전화를 걸었다. 그리고 믿음으로 그곳에 선교를 하기로 결정했는데 놀라운 일은 그곳에서 공연을 주관하시는 분들이 크리스천이었고 나의 뜻에 그들이 기꺼이 응해 주신 것이었다.

히브리서 11장 6절의 말씀처럼 이루셨다. "믿음이 없이는 기쁘시게 못하나니 하나님께 나아가는 자는 반드시 그가 계신 것과 또한 그가 자기를 찾는 자들에게 상주시는 이심을 믿어야 할 지니라."

아멘! 할렐루야. 좋으신 하나님을 찬양합니다.

할리팍스는 캐나다의 가장 북단에 위치한 잘 알려지지 않은 곳이다. 그곳에서는 소수 민족 페스티벌에 한국 대표팀을 초청하기 위해 여러 곳에 편지를 발송했으나 우리에게서만 회신이 왔다는 것이다.

우리팀이 들어가기 1년 전 한국 선교 100주년 기념 행사를 마쳤으며 우리가 한국 문화 단체 및 선교 예술 단체로는 처음 초청되는 것이라고 했다.

100년 전, 그곳에서 한국으로 선교사를 파송했다고 한다. 나는 이것 또한 우연이 아니었다고 확신하며 성령님께서 나의 생각 일체를 주장하고 계심을 알 수 있었다.

"네가 진리의 말씀을 옳게 분변하며 부끄러울 것이 없는 일꾼으로 인정된 자로 자신을 하나님 앞에 드리기를 힘쓰라"(딤후 2:15).

소수 민족, 다 민족이 모이는 곳에서 선교를 한다면 우리가 굳이 세계 곳곳을 가지 않아도 된다는 계산 하에 단원들과 의논하여 공연하기로 하였다.

또, 미국 교회에서도 무용단을 비슷한 시기에 초청하였기에 단원 20여명이 캐나다팀, 미국팀으로 구성되어 연습을 시작했으며 연습 도중 캐나다 해밀턴에서 할리팍스 방문 소식을 듣고 해밀턴행사에도 초청이 되어 캐나다를 순회 공연하는 폭넓은 선교를 하게 되었다.

또, 나는 학원 복음화 협의회 회원 자격으로 토론토에 있는 코스타 행사에 주제 강연 및 선교 무용을 하기로 되어 있어서 결국 선교지는 할리팍스→해밀턴→토론토→미국으로 정해졌다. 상반기에는 국내외 공연 준비로 무척 바빴다. 모처럼 해외 선교로 활기 띤 단원들의 모습이었다.

사랑의 구속

짧은 시간에 4곳의 국제 행사 공연 연습을 하다보니, 단원들도 무척 힘들었고, 나도 힘이 들었다. 일 속에 파묻히니, 섬김이고, 순종이고 하는 믿음의 본은 모두 사라지는 듯 하였다.

"잘 해야 한다"는 목표와 "연습 시간이 별로 없다"는 이유로 단원들을 무척이나 재촉하고 스트레스를 주고 때로는 혈기를 부리며 연습하였다. 이럴 때 하나님은 침묵하셨다. 아니 하나님께서 나에게 핍박을 받고 계셨다고 표현하는 것이 옳은 것 같다.

"내가 이르노니 너희는 성령을 좇아 행하라 그리하면 육체의 욕심을 이루지 아니하리라 육체의 소욕은 성령을 거스리고 성령의 소욕은 육체를 거스리나니 이 둘이 서로 대적함으로 너희의 원하는 것을 하지 못하게 하려 함이니라"(갈 5:16-17).

"그러므로 땅에 있는 지체를 죽이라 곧 음란과 부정과 사욕과 악한 정욕과 탐심이니 탐심은 우상 숭배니라 이것들을 인하여 하나님의 진노가 임하느니라

114

너희도 전에 그 가운데 살 때에는 그 가운데서 행하였으나 이제는 너희가 이 모든 것을 벗어버리라 곧 분과 악의와 훼방과 너희 입의 부끄러운 말이라"(골 3:5-8).

나는 목표를 향하여 성령을 소멸하고 예수님이 거하여 계신 지체들에게 화를 내며, 때로는 자존심 상하게 하는 말까지 하며 욕심을 내었다. 내가 그의 나라와 그의 의를 구하며 최선을 다하면 하나님께서 능력과 은혜와 신을 부어 주셨을 터인데 나는 내 힘과 능력에 의존하는 자가 되어버렸던 것이다.

그 결과가 어떠했겠는가?

난, 할리팩스와 미국의 공연을 마치고 단원들이 한국으로 돌아가는 그 때까지 기침과 열병으로 내내 고생하였다. 눈에는 고름 같은 것이 끼기까지 하였다. 마치 사도 바울이 예수 믿는 자를 핍박하러 가다가 다메섹 선상에서 예수님을 만나, 눈에 무언가 가리운 듯이 되었든 것처럼, 난 내내 눈에 무언가 끼기 시작했고 나중에는 히스기야 왕의 기도처럼, 숙소에만 돌아오면 기도를 했다.

단원들은 약간 아픈 것으로만 알았다. 치솟는 열과, 기침, 그 괴로움은 이루 말할 수가 없었다.

"주님 나의 건강을, 내 생명을 연장하소서. 단원들에게 성령을 좇아 행하지 못한 것 다 용서하시고 내게 회복을 주소서."

내 병세를 숨기다가 도저히 안되겠어서 처음으로 단원들에게 기도 요청을 했고 그 기도는 효험이 있었다. 또한 나한테 상처 입은 단원은 나를 용서해 주고 이야기 해 달라고 하였다. 솔직한 심정으로 나아가지 않으면 안되겠다는 결론이 결국은 단원들 간에도 사랑이 넘쳤고 점차 병이 나아졌지만 미국에서까지 그 질병은 연장이 되었다. 내가 너무 심하게 단원들을 다루니까 하나님이 나를 먼저 구속하셨다고도 생각되었다. 내가 환난으로 인하여 주를 기뻐하며 나의 연약함으로 인하여 오히려 주를 앙망할 수 있기에 감사하였다.

공연은 도착 당일 밤부터 시작하여 연일 4일간 계속되었다. 하나님은 단원들 모두를 축복하셨다. 공연은 성공적이었다. 길에서도 농악으로 공연하고 찬양으로 전도하였으며 소수 민족 페스티벌에서 한인회 교민들은 기쁨을 감추지 못하였다. 핵심적인 팀으로서 주최측 회장으로부터 칭찬도 받았다.

그러나 그 기쁨도 잠시 해외 선교 여행 이동은 생각과 같이 그리 쉽지 않았으며 진통을 겪기 시작했다. 일주일간의 공연을 끝낸 후, 캐나다 팀은 한국으로 돌아가고 미국 팀들이 해밀턴 공연을 하기로 되어 있었는데 갑자기 비행기 안전의 문제와 운행 시간이 정확하지 않는 것을 이유로 단원들 몇 명이 토론토 해밀턴 공연을 반대하기 시작했다. 나는 단원들보다 토론토 코스타 강연 관계로 하루 먼저 출발을 하였는데 참으로 상상치 못할 일을 만난 것이다. 선교 후 어려움은 이렇게도 오는구나라고 생각하며 설득하고 때로는 명령조로 이야기하기도 했으나 도대체가 이해하려고 하질 않았다.

하나님께 맡겼다. "공연하러 오든지 말든지 하나님 알아서 하십시오." 마음 속에 단원들에 대한 불신과 불쾌감은 극에 달해 있었다.

그러나 결국 그들은 해밀턴에 무사히 왔고 주최측에 의해 극진한 대접을 받고 마음이 안정되었다. 나는 토론토 코스타 행사를 마침과 동시에 미국에 들어가 미국에 들어온 다른 팀을 만나 리허설을 마치고 다시 해밀턴으로 갔다. 마치 미국과 캐나다를 내 집 드나들 듯이 들락거렸다. 단원들 대부분이 나를 진심으로 염려하였다. 그 2주간의 일정 동안 너무 많은 곳을 바삐 다녔기에 실제로 걱정을 단원들에게 끼쳤다고 생각한다.

하여튼 해밀턴 팀과 공항에서 곧바로 공연장으로 가 공연을 마치고 그 팀을 데리고 나는 또 미국으로 갔다. 미국 JF케네디 공항에 도착하자마자 이미 미국에서 준비한 팀과 롱아일랜드 교회에서 만나 선교 공연을 잘 마치고 그 이튿날부터는 팔리세이드, 뉴욕 맨해튼 등에서 3일간의 선교 공연을 하였다. 캐나다에서의 지속된 공연으로 미국에서의 공연은 다소 긴장감이 풀린 듯 잠도 안정되게 자고, 숙명여대 선배님들의 사랑의 섬김과 미국 교회의 다소 편안한 일정 진행과 사랑으로 여유 있는 공연을 할 수 있었다.

사실, 15일간 거의 쉬는 시간이 없이 진행되었기에 처음 선교 여행을 나온 단원들은 힘이 들었던 것이다. 그러나 한인 교회 성도들의 성령 충만함과 신앙 생활에 오히려 힘을 받고 도전을 받는 기쁨이 우리에게는 하나님의 크신 사랑으로 자리하였다. 나는 가족과 미국에서 시간을 더 보내기로 하고 단원들과 아쉬운 작별을 하였다.

많은 갈등! 불순종과 순종, 사랑과 섬김, 불신과 정죄, 의심 등 선교 여정 동안 흑암은 예리하게 우리 안에서 움직였지만 결국 하나님께서 승리하셨고 우리는 마음을 하나로 묶는 데 성공한 좋은 선교 현장이었다.

"서로 마음을 같이 하며 높은데 마음을 두지 말고 도리어 낮은데 처하며 스스로 지혜있는체 말라 아무에게도 악으로 악을 갚지 말고 모든 사람 앞에서 선한 일을 도모하라 할 수 있거든 너희로서는 모든 사람으로 더불어 평화하라"(롬 12:16-18).

나는 리더로서 그들의 마음을 헤아려 이해하려는 마음보다 너무 잘하려고만 강요했던 것 같고, 오직 해야한다는 것 때문에 그들의 연약함 아니 어찌 보면 극히 정상적인 것에 대하여 나는 교만한 마음으로 다가갔는지 모른다.

왜 사람의 마음이 이다지도 어리석은지, 무슨 일이 있을 때마다 그들의 말을 들어주고 그들의 마음을 헤아려 무릎 꿇고 부르짖는 기도를 했었어야 했는데, 나의 힘과 능력이 성령님보다 늘 앞서가는 죄를 항상 지었다. 그래도 용서하여 주신 하나님, 참 감사합니다.

카자흐스탄에서의 선교 무용 공연

미국의 팔리세이드, 맨해튼, 롱아일랜드 등의 선교 일정을 위해 수고한 미국 뉴저지 주에 거주하는 이정현 집사님이 계시다. 미국 공연 동안도 목사님, 성도님들과 더불어 이분과 가족들의 아름다운 섬김이 있었기에 무사히 마칠 수가 있었다. 기회가 되어 미국에 들어가면 항상 이 집사님은 내게 일을 주어야 한다고 하며 여 집사님들을 위한 간증 모임이나, 청년들을 위한 간증 모임 등을 기획하는 선한 일에 자신을 드리는 분이시다.

미국 선교 공연을 마치고 돌아와서 얼마 안되어 이 집사님으로부터 전화가 왔다. 사촌 동생이, 카자흐스탄에서 치과를 하시는데 선교사라는 것이다. 그런데 우리 선교팀을 앞으로 있을 '2000 실크로드 선교 대회'에 초청하도록 이야기가 되었다며 선교사님을 만나보라는 것이었다.

연락을 하여서 만났다. 그리고 거침없이 우리는 카자흐스탄 선교를 수락했다. 1년은 채 안되지만, 연습하기에는 충분한 시간이었다. 항상 선교 단원들은 자비량 선교를 한다. 자신의 주머니를 털어서 여행 경비를 준비해야 하는 부담감이 있음에도 불구하고 성령님께서는 단원들에게 긍정적인 답변을 하도록 하셨고 꾸준한 연습을 통해 드디어 2000년 6월, 카자흐스탄을 가기 위해 새벽 6시경 공항에 집합했다. 나가보니 공항 안이 인산인해를 이루고 있었다. 전세기로 연 삼일에 걸쳐 약 2000여명 이상이 수송되었다고 하는데 우리 팀이 나간 날 역시 700명 정도가 있었다.

한국인들의 열정, 극성(?)이 믿음 안에서도 역력하였다. 그 땅에 가서 이 많은 인원들이 무엇을 한단 말인가. 출발 전에 우리 팀을 비롯, 몇 사람에게 서약서가 주어졌다. 어떤 사고와 죽음까지도 책임을 지지 않는다는 내용에 서약하라는 것이었다. 나를 비롯한 단원들은 어떻게, 어떤 경우의 제시도 없이 무조건, 사고나 죽음에 대하여 주최측에서 책임질 수 없다고 하는가?

우리는 할 수 없다고 했으며 도저히 있을 수 없는 일이라고 서약을 하지 않았다. 나중에 안 일지만 참가자 전원이 서약을 했다고 들었다. 결국 우리만 서약하지 않은 상태에서 전세기에 탑승을 했고, 카자흐스탄에 도착하였다.

'러시아'의 한 땅, 말로만 듣던 땅에 내리니 사실 매사가 조심스러웠다. 여러 가지 유의할 점들을 듣고 더욱 조심스러웠지만, 큰 어려움 없이 시내까지 들어갈 수 있었다. 그런데 호텔에 도착하고 보니 어수선하였다. 많은 인원이 모여 있는데 올바른 안내가 없어서 그 많은 짐들을 들고(우리 팀은 2번씩 왔다 갔다 함) 엘리베이터도 없는 호텔을 2층으로, 4층으로 오르락내리락 하였다. 도착한 후, 모두가 겪은 어려움이었다. '2000 실크로드' 행사에 나온 안내자들은 대부분 자원 봉사자인데 그들에게 우리가 무엇을 요구하거나 권유한다는 것이 오히려 잘못된 일이었다. 그럼에도 불구하고 우리는 요구를 하는 어리석은 행동을 했었다.

세계 곳곳에서, 러시아 곳곳에서 몰려든 한국 크리스천들, 그 가운데에서도 눈에 띄는 아름다운 모습은 젊은이들이 그 산만한 환경 속에서도 웃음을 잃지 않고 웃기며, 즐기며 대기하고 있는 모습들이었다.

그런데 우리 팀은 불평을 서서히 하기 시작했다. 기도해야 하는데, 믿음은 간 곳 없고, 인간적인 생각과 마음만 더 드는 것 같았다. 어렵게 장시간에 걸쳐 숙소가 정해지고 늘 하던 대로, 짐을 풀고 식사 후 기도 시간을 갖고 첫 날을 보냈다. 팀별로 안내자가 배치되었으나 모든 일정은 예측할 수 없는 일만 계속 일어나는 다소 불안정한 날이었다.

이튿날 공연 준비를 하고, 레닌그라드 궁의 홀로 갔다. 무용 책에서만 보던 무대를 가게 되니 감개가 무량했다. 실제 가서 보니, 기내 밖의 허름한 모습이었지만, 역사와 전통을 자랑하는 그 권위가 있었고 무엇보다도 러시아식 무대 감독의 진행 및 연출이 이색적이었다. 무척 무섭다는 느낌이 들 정도로 말의 억양이나 진행 방법이 부드럽지 않았다. 「존귀하신 주」를 공연하려고 준비하고 있는데, 갑자기 한국의 중보 기도팀이 대기실로 20여명 들어왔다. 기도하기를 원하는데 한국의 선교 무용팀이 있다는 소식을 듣고 찾아온 것이었다. 마땅한 기도 처소를 찾지 못해서 온 것이었다.

뜨거운 기도가 시작되었다. 다소 해이해진 우리 팀이 하나님의 만나와 메추라기를 먹듯, 감사한 마음으로 기도에 동참하였다. 아니 동참하였다기 보다 하나님께서 우리 팀을 위해 그렇게 준비시키셨다. '악한 원수 마귀'를 대적해야 하는 우리는 천하태평이었고 하나님은 급하셨던 것 같았다. 그 이유는 공연을 통해서 나타났다. 「존귀하신 주」는 10분 간 공연되는데 4분 정도 추었을 때, 객석에서 꽃다발을 든 한 여인이 갑자기 무대 위로 올라왔다. 공연이 끝난 것이 아닌데 계속 꽃다발을 들고 중앙에서 기다리는 것이 아닌가.

참 난감하였다. 내가 지혜를 구하지 못하여서 결국 그 여인이 끝날 때까지 무대의 중앙에 앉아서 우리를 구경하였고 관객은 계속 웃기 시작했다. 우리는 영적 전쟁에서 졌다.

선교의 때를 놓쳐버린 것이다. 성령의 역사함이 이루어지도록 우리는 간절 함으로 기도하지 못했고 그 필요성을 잃은 채, 공연한다는 육적인 생각에 빠져 있었다. 선교 공연 후 이렇게 기분이 무거운 것은 처음이었다.

여하튼 계속 꼬이는 일정 가운데서도 '무릎으로' 라는 마음이 강력히 오지 않을 정도로 영적으로 산만하였다. 결국은 3일째 공연에서 큰 일이 생겼다. 중 요한 선교 공연이 취소된 것이었다. 일이 이렇게 되도록 난 왜 그다지 감각이 죽어 있었을까, 나는 안내자에게 공연 임박한 시간에 취소된 이야기를 하면 어 떡하느냐고 오히려 추궁을 했고 안내자는 바울과 실라처럼 기도하라고 하면서 오히려 냉정히 이야기했다. 우리가 가서 공연할 곳은 영적으로 어려운 곳이라 는 설명을 수차 들었고 어려운 가운데 선교 공연을 기획한 것이라고 이야기를 들었음에도 그 '어려움'에 대한 영적 감각은 없고, 그저 춤춘다는 생각이 지배 적이었다.

나이도 어린 안내자에게 불쾌할 정도의 영적 훈계를 듣고, 나는 생각했다. 그리고 단원들에게 앞으로 올 공연을 위해 연습을 하도록 하였다. 연습이 끝난 후 기도하기 시작했고 기도 시간을 마치고, 각자 처소로 돌아간 뒤, 난 몇 명 의 단원들과 별도로 기도하던 중, 회개가 시작됐다. 공항에서 '서약서'를 내지 않았던 것과 그 내용에 선교를 위해서 사고나 죽음에 대해서도 개개인이 주님 의 이름으로 감수한다는 내용에 대하여 인정하지 않은 것, 그리고 더 중요한 것은 카자흐스탄의 예수님을 모르는 영혼들에 대하여 예수님의 마음을 간절히 사모하지도 않았으며, 그 마음으로 선교 무용을 하기에는 너무도 연약하고 내 중심적 믿음으로 있었다는 것을 알게 하셨다. 다시 단원들을 모아서 이와 같은 이야기를 하고 다시 회개 기도로, 중보 기도로 새벽이 되도록 기도하였다.

✘ 교회 공연의 준비를 하면서

아침에 일어나 공연을 하게 되든지 안 하게 되든지 평안한 마음으로 단원들과 기도와 식사를 하고 오후에 있을 교회 공연을 준비하였다.

교회에 가서 리허설을 하는 가운데 우리가 가져간 레퍼토리를 다 공연하게 되었다. 원래는 25분 정도만 하기로 했는데 1시간 정도의 공연을 하게 되었다. 어렵게 준비한 카자흐스탄에서의 원주민 선교 공연은 못하게 되었지만 교회 공연에 힘을 얻어 하나님을 향하여 마음껏 춤을 추었다. 공연을 은혜로 마치고, 간단한 여행을 한다고 시내로 나오는 도중, 교회 사모님으로부터 전화를 받았다. 내용은 선교 대회를 하고 있는 운동장에 무용 공연을 넣기로 했다고 하시며 바로 의상 준비를 하고 오라는 것이었다. 어제 선교 대회 현장을 보고 온지라, 그 규모가 엄청 큰 것을 알고 있었다.

"아! 하나님은 이와 같이 우리들을 사용하시려고 어제 기도케 하셨구나"라고 새삼 하나님의 계획하심과 인도하심에 은혜가 넘쳤다.

인간의 마음이 얼마나 나약하고 변덕이 많으며 좁은지, 또 한 번 깨달았다. '항상 범사에 주님을 인정해야 하는데, 그것이 하나님께서 기뻐하시는 믿음인데' 라는 생각을 하며 급히 숙소로 돌아가서 준비를 하고 선교 대회장으로 향했다. 족히 2만 명은 되는 듯하다.

빈 하늘을 향해 모인 자들이 찬양과 기도로, 살아 계신 하나님께 경배를 드렸다. 우리 선교팀은 맨 마지막에 하였는데 「마리아의 통곡」 원어로는 Via dolorosa(고난의 길)이었다. 해외에 나갈 때는 원어로 음악을 준비하는데, 이 날도 원어로 공연을 하였고, 하나님은 영광을 받으셨다. 어두움을 헤치고 황혼을 배경으로 잔디밭을 마치 사슴과 같이 뛰어 다니며 하나님께 간구하고 감사하며 감동의 선교를 하였다.

"주 여호와는 나의 힘이시라. 나의 발을 사슴과 같게 하사 나로 나의 높은 곳에 다니게 하시리로다"(합 3:19).

참으로 좋으신 하나님, 하늘 나라에서 춤추듯, 자유하며, 마리아처럼, 하나님 아버지 앞에 온 땅을 향하여 외치게 하신 하나님, 천군 천사, 악대들이 나를 위하여, 선교 단원들을 위하여 공중에서 연주하며 반기듯, 하늘을 향하여 날듯 추게 하신 하나님이셨다.

더욱 신기한 것은 카자흐스탄에서 우리의 공연 음악이 잘 알려져 있었고 사랑하는 곡이라는 것이었다. 그들에게는 더욱 친근했으며 성령으로 호흡할 수 있게 하셨다. 버스를 타고 선교 현장 밖으로 나오는데 성도들이 알아보고 손을 흔드니까 단원들이 내가 입은 무용복을 벗지 말고 계속해서 답례를 하도록 하였다. 나는 거의 흰머리 베일에 흰 드레스의 옷으로 춤추기 때문에 그 사람들이 쉽게 알아 볼 수 있었기 때문이었다. 선교 대회장에서 완전히 빠져 나와서야 옷을 갈아입었다.

그곳에 머무는 동안 특별히 인상 깊었던 분들이 있다. 교회 사모님(경희대

 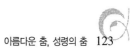

음대 졸)의 성가대 훈련 및 말씀 양육의 뛰어난 지도력, 버림받은 자들만 섬기는 전도사님, 병든자들만 섬기는 전도사님, 카자흐스탄 원주민 교회를 개척하시는 눈물의 목사님 등 지금도 이분들을 기억하니 마음이 아프고 눈물이 나려한다. 그 큰 지구촌 한 곳에 누구 하나 인정해 주지 않고, 좋은 것 취할 수 없는 악조건에서도 한인 2세와 한국인들이 거친 세파를 헤치고 끈질기게 세계 복음화에 앞장 서 있는 것이었다. 평소에 세계 속의 한국인이 믿음으로 승리하게 해 달라고 했던 기도 응답의 현장을 볼 수 있었다. 또 한 번의 기도의 능력, 기도의 절실함을 깨달았다. 한편, 국내에서 믿음의 생활, 얼마나 안온한 것인지, 부끄러운 생각이 들 정도로 그들은 그렇게 살고 있었다. 그 어디엔가는 더 하신 분들이 있겠지!

규모 없는 작은 교회(건물을 빌려서 개척)에서 넘치는 사랑으로 섬겨주신 카자흐스탄 원주민과 한인 2세들, 하나님께서 사랑하시는 진정한 성전과 성도들이 그곳에 있었기에 눈물로…, 눈물로… 하나님 앞에 춤출 수밖에 없었다.

공항에서 출발하기 1시간 전까지 교회에서 선교 무용을 마치고 또 한 번 거센 돌풍이 지나간 광야에서 하나님을 향하여 설 수 있는 성숙함으로 하나님의 세계를 볼 수 있었던 귀한 시간을 뒤로 하고 서둘러 전세기를 다시 타고 무사히 귀국하였다.

이 찬송가가 생각난다.

"여기에 모인 우리 주의 은총 받은 자여라
주께서 이 자리에 함께 계심을 아노라
언제나 주님만을 찬양하며 따라 가리니
시험을 당할 때도 함께 계심을 믿노라
이 믿음 더욱 굳세라

규모 없는 작은 교회(건물을 빌려서 개척)에서 넘치는 사랑으로
섬겨주신 카자흐스탄 원주민과 한인 2세들, 하나님께서
사랑하시는 진정한 성전과 성도들이 그곳에 있었기에 눈물로….
눈물로… 하나님 앞에 춤출 수밖에 없었다.

주가 지켜 주신다. 어둔 밤에도 주의 밝은 빛

인도하여 주신다.”

카자흐스탄의 선교의 밀알들이 굳센 믿음으로, 주님이 함께 하심으로 승리

할 것을 믿는다.

🖋 소외된 곳으로

2000년도는 특별히 다른 해와 달리 우리가 미처 생각지 못한 곳을 선교하

도록 하셨다. 선교라 하지만 우아하게 곱게만 해왔던 선교였다고 생각된다. 민

족사랑회를 통한 노숙자들의 선교, 소록도 나환자의 선교, 교도소 선교, 부녀

자 재활원의 선교, 노인 대학을 통한 노인들 선교, 거리 문화 사역을 통한 지하

철 선교, 해병대 선교 등 이 세상에 버림받고, 소외된 연약한 자들과의 만남이

나로 하여금 더욱 깊이 하나님을 만나게 해 주셨다.

나는 요즈음, 하나님께서 이러한 기도를 하게 하신다.

“하나님, 우리의 인생을, 영혼을 불쌍히 여기시옵소서.”

그리고 침묵한다. 내 눈에 눈물이 하염없이 흐른다. “인생이 무엇이기에 우

리는 이다지도 슬프고 가엾게 살다가 간답니까?”

“그저, 우리 모두를 불쌍히 여겨 주옵소서.”

의욕도 때로는 떨어지고 하염없이 빈 하늘만 쳐다보며 또 때로는 말 같지

않은 말, 나의 신경을 건드리는 그 누가 있으면 하염없이 쳐다만 본다.

어느 때는 말문도 막히고, 생각조차 하기를 부인할 때도 있다. 무엇인가 도움을 필요로 하는 그들에게 내가 무엇인가를 해 주는 것에 대해서도 한계를 느끼고 이상한 이기심마저 발동한다.

지체가 온전하지 못한 부녀들을 보면 오히려 성한 나의 모습이 부끄럽고, 실직하고 갈 곳을 잃은 실직자, 노숙자들을 보면, 갖고 있으면서도 베풀지 못하는 안타까움이 모든 것을 가식으로 변하게 하고, 노인들을 보면 나의 노인 되었을 때를 생각하며 인생에 대한 깊은 상념에 빠진다.

나라가 갈라져 젊은이들과 직업 군인들이 몸바쳐 국가를 안보하는 모습을 보고 있노라면 인생의, 인간의 어리석음과 덧없음을 개탄하게 된다.

나는 다시 믿음과 진리로, 사랑으로, 기도로 서야 한다고 생각한다. 하나님께서는 나에게 능력을, 소망을 주실 것을 인하여 막혀진 목을 열며 하늘 하나님을 바라보게 하신다. "아버지, 기도하게 하소서. 기도에 응답하소서. 작은 탄식에도 응답하시는 주 여호와여. 우리의 할 바를 일러주시고, 할 수 있는 능력과 도움의 손길을 주시며 영원히 식지 않는 사랑과 믿음을 주옵소서."

소록도를 방문하던 날, 나는 많이 망설였다. 내가 나환자들 앞에서 무엇을 보여줄 수 있을까. 전날 밤까지 갈등하였다. 내가 멍석 깔고 울 듯, 퍼져서 울면 어떻게 할까, 내가 무엇을 하러 왔다고 이야기할 것인가. 겸손한 사랑도, 죄인임을 고백하는 첫 믿음도, 예수님의 의로 성령 충만함도, 그렇다고 훌륭한 춤도 갖고 있지 않은 내가 무엇을 한단 말인가. 착잡하였다.

소록도로 향하여 가던 버스가 고장이 나서 고치다가 못 고쳐서 새 버스를 대절하여 갔는데 결국은 너무 늦게 도착하여 소록도만 구경하고 나환자들이 일제 시대에 겪었던 믿음의 산 고백의 글만 읽고 나왔다.

하나님은 내게 감당할 만한 것을 주신다고 했는데, 이 몸 하나로 그저 조금 추는 그 모습을 보여 드렸자, 무엇을 한단 말인가. 나는 조금만 아파도 하나님이 안 계신 것처럼 생각하고 행동하는 사람인데, 그들의 그 큰 아픔, 연약함을 어찌 주님의 이름으로 대변하여 줄 수 있단 말인가.

아니! 그 뼈아픈 환경 속에서도 믿음 때문에 참고 참았던 그 나환자들의 믿음의 글들을 난 보고 있지 않았던가, 구역질이 날 정도의 그 현장, 그 아픔, 그 고통이 내게 현실처럼 다가오는데 내가 무엇을 한단 말입니까?

"긍휼을 베푸신 주님, 이 울보를 불쌍히 여기신 주님, 이 겁쟁이를 돌보아 주신 주님! 차라리 값싼 믿음을 이들에게 보이느니, 사라리 그냥 가는 것이 그들에게 낫습니다"라는 고백과 함께 다시 배를 타고 섬에서 나와 서울로 왔다. 새벽 2시에 도착하였다. 소록도! '작은 사슴들의 섬' 그곳이 예수님이 계신 곳이요, 가장 작은 자들의 모임, 하나님께서 사랑하시는 모임이 그곳에 있었다.

새벽 4시가 되면 어김없이 기도하러 모인다는 소록도 교인들. 이 천지에 가장 아름다운 자들의 모임이 그곳이 아닐까? 나라와 민족을 위하여 새벽을 깨우는 자들이 여기에 있지 않은가? 나는 성한 몸으로 아직 이 세상을, 나를 이기지 못하여, 허탄하고 망령된 망상에 사로 잡혀 있는데….

"오, 주여! 나를 새롭게 하소서. 나를 강하게 하소서. 부탁합니다. 오 주님!"

"비록 무화과 나무가 무성치 못하며 포도나무에 열매가 없으며 감람나무에 소출이 없으며 밭에 식물이 없으며 우리에 양이 없으며 외양간에 소가 없을지라도 나는 여호와를 인하여 즐거워하며 나의 구원의 하나님을 인하여 기뻐하리로다"(합 3:17-18).

이와 같이 노래하는 자들이 모인 소록도에서는 알뜰살뜰 돈을 모아 해외 선교를 하고 있다고 하였다. 그들의 모습 속에 병들어 있는 나의 영혼의 모습을 그려본다. 부패한 눈, 부패한 마음, 부패한 손, 부패한 발… 육체적으로 멀쩡히 붙어 있지만, 그 육으로 세상에서 불의의 병기로 살고 있지는 않은지 생각한다.

고린도전서 3장 16-17절 말씀이 떠오른다.

"너희가 하나님의 성전인 것과 하나님의 성령이 너희 안에 거하시는 것을 알지 못하느뇨 누구든지 하나님의 성전을 더럽히면 하나님이 그 사람을 멸하시리라 하나님의 성전은 거룩하니 너희도 그러하니라"

좋은 것을 주셨을 때 우리는 주님 능력으로 거룩하게 잘 지켜 갈 수 있도록 성령 충만함에 이르도록 순종해야 함을 더욱 깨달았다.

내 마음의 선교 무용을 일깨워 주신 어느 날

어느 날, 프레이즈음악신학교를 소개받았다. 한국 선교 무용단 창단 공연 때, 알게 된 집사님(지금은 목사 사모님이 되심)을 통하여 소개받은 것이다. 늘, 믿지 않는 땅에서 복음을 전하던 내가 이제 믿는 백성이 모인 땅에서 과연 무엇을 할까? 기독 무용과의 강의를 하게 되었는데 기독 무용사, 몸짓 찬양, 선교 무용론 등이었다.

1시간, 2시간 강의하다 보니, 숙명여대에서 그간 믿음으로, 말씀으로 강의를 한 것이 오늘에 이르게 하는 준비 과정이었다라는 생각이 들었다.

젊은 학생들이 예수님 복음에 힘입어, 믿음의 길만 가려는 그 기특하고 자랑스러운 모습이 내게 부러움으로 다가왔다.

나는 그 젊음의 시절에 무엇을 생각하였고, 무엇을 하였는가? 세상을 나는 어떤 눈으로, 마음으로 보았으며, 무엇을 위해 살았던가 하는 마음으로 순간순간 멈추는 나의 시선을 부인할 수 없었다. 훌륭한 학교요, 훌륭한 학생들이다. 이 일을 위해, 이 학교를 위해 애쓰시는 박연훈 학장님(목사님) 및 온 교직원들이 또한 존경스럽다. 타학교만큼 사회적 지지도가 높다거나, 교육 규모나 환경 등이 4년제 대학만큼은 되지 않지만 분명한 뜻으로 교육하고, 분명한 뜻으로 공부하려는 사명자들이 모여 있는 모임의 현장인 것이다.

학생들의 대부분은 교회에서 실제 사역을 하고 있으며, 사모님, 전도사님 등, 평소 내가 어마어마하게 생각하였던 분들을 가르치고 만난다는 사실에 불현듯 나는, 나 자신을 돌아보지 않을 수 없었다. 정말, 신실하신 하나님, 좋으신 하나님, 내게 그간 한시도 떨어지지 않으시고 함께 하시며 도우시고, 경책하시며 사랑하셨던 그 하나님을 참으로 제대로 전해야 한다는 생각으로 말이다.

또한, 나와 같은 작은 자에게 하나님은 사도 바울의 말씀을 마음속 깊이, 생활 속에 인을 쳐주셨는데 "내가 복음을 전할지라도 자랑할 것이 없음은 내가 부득불 할 일임이라 만일 복음을 전하지 아니하면 내게 화가 있을 것임이로라"(고전 9:16)는 말씀이다.

정말 하루에 단 한 번 또는 단 한 명에게, 전도지라도 아니면 "하나님 믿으세요"라는 말을 하지 않으면 밥 먹기가 부끄럽게 생각이 들 정도로 나의 삶 가운데 같이 살기를 즐거워 하셨던 그 주님을 전하는, 사람을 낚는 큰 어부가 될

公演 참으로 좋으신 하나님, 하늘 나라에서 춤추듯, 자유하며, 마리아처럼, 하나님 아버지 앞에 온 땅을 향하여 외치게 하신 하나님, 천군 천사, 악대들이 나를 위하여, 선교 단원들을 위하여 공중에서 연주하며 반기듯, 하늘을 향하여 날듯 추게 하신 하나님….

자, 이미 큰 어부가 되어 있는 자들을 만나게 하심은 보통 은혜가 아니라는 생각을 하게 되었다.

딸과 같은 어린 학생들에게는 어미의 마음으로 다가가게 하시고 그들이 실족치 않고 믿음의 길을 갈 수 있도록 나의 지난날의 믿음의 체험을 근거로 섬기게 하셨다. 무엇보다도 그들이 믿음의 현숙한 여인으로 가정과 사회, 국가를 위해서 빛을 발하게 해야 한다는 마음과 또 뒤늦게나마 무용을 통한 선교의 길을 택한 그들에게 나의 무용 체험 및 지식을 설레는 마음과 기대로 부풀어 있는 그들에게 전하여 주므로, 견고히 설 수 있도록 섬기게 되었다. 에스더 같은 여인들, 미리암 선지자 같은 여인들이 되기를 원하면서….

때로는 너무도 잘난 척하며, 너무 많이 아는 척 하는 경향이 있어 나 스스로를 책망하는 경우도 있었다. 그러나 그들의 생명이 죄악의 세상 가운데에서 주님으로 인하여 승리해야 한다는 간절함은 내게 주신 하나님의 불같은 사랑이었다. '조심스럽게 주님과 함께 동행하자, 하나님이 인도하시도록 나를 좀 더 감추자' 라는 마음으로 그들에게 다가가며 하나님의 전폭적인 구속의 은혜가 그들에게 임하기를 진심으로 기도했다.

나는 이러한 마음으로 1인 당 500여명이라는 분명한 기대로, 그들 한 명이 이제 무용 선교로 예수 제자의 삶을 나라와 온 천하에 들어낼 것을 기대해 본다. 새삼 나의 마음속에 예수님의 갈망이, 나를 이곳까지 오게 하셔서 믿음의 제자를 낳게 하는 데 기여하게 하심을 감사드린다.

외국 선교 나갔을 때, 어느 목사님께서 말씀하셨다. 체계적으로 양육된 예능 선교사, 그 가운데에서도 몸짓 찬양자가 양육되어, 세계에 파송되어야 한다고 하셨다. 이들이 그러한 일의 대부분을 맡게 될 사명자임을 예수님 이름으로 기도하며 또한 믿는다.

마음 한 구석에 무용 선교를 위하여 세상의 무용 세계를 근거로, 교육을 받다가 다시 그 문화의 노예가 되어, 성령보다 육체의 연습과 상황을 앞세우는 일이 없는 깨어 있는 무용인, 무용 선교사가 되기를 다시금 주님의 이름으로 기도하고 믿는다.

"내가 복음을 위하여 모든 것을 행함은 복음에 참예하고자 함이라 운동장에서 달음질하는 자들이 다 달아날지라도 오직 상 얻는 자는 하나인 줄을 너희가 알지 못하느냐 너희도 얻도록 이와 같이 달음질하라 이기기를 다투는 자마다 모든 일에 절제하나니 저희는 썩을 면류관을 얻고자 하되 우리는 썩지 아니할 것을 얻고자 하노라 그러므로 내가 달음질하기를 향방 없는 것 같이 아니하고 싸우기를 허공을 치는 것 같이 아니하여 내가 내 몸을 쳐 복종하게 함은 내가 남에게 전파한 후에 자기가 도리어 버림이 될까 두려워 함이로라"(고전 9:23-27).

✗○ 축복하소서!

내가 만나는 믿음의 사람들 가운데에 훌륭한 권사님 한 분이 계시다. 적어도 내가 생각하기에는 한시도 주님과 떨어지지 않으시고 늘 생각하고 늘 위하여 정성을 다하시는 분이라고 생각된다. 그분이 어느 날, 이러한 말씀을 해 주셨다. 우리 나라 사람은 대체적으로 '서로 원망하는 성격과 풍토가 짙다' 고 하시며 이제는 우리가 서로 '축복하는 관계' 가 되어야 하고 이러한 풍토를 '국민운동처럼 보급하면 좋겠다' 고 마음의 소원을 표현하셨다. 이것이 이분의 '기도이다' 라고 보아도 부족함이 없을 것이다.

창세기 12장 2절 말씀인 "내가 너로 큰 민족을 이루고 네게 복을 주어 네 이름을 창대케 하리니 너는 복의 근원이 될지라"로 한 사람, 한 사람을 복의 근원으로 삼기로 확신하신 것이다.

또 복음 찬양에는 이러한 축복송이 있다.
"축복하소서, (우리에게)
날마다 새롭게 태어나도록.
축복하소서, (우리 민족을)
날마다 새롭게 태어나도록.
주는 아버지! 우리는 주의 자녀.
주님 두 팔로 안아주소서
축복하소서, (우리에게)
날마다 새롭게 태어나도록."

이 노래에 맞추어서 몸짓까지 손수 만드셨다. 그리고 모임 가운데 시범을 보이시고 그 취지를 소상히 이야기해 주셨다. 나는 말씀이 옳다고 생각되어, 무용 선교하는 자리마다 끝 장면에는 "축복하소서~" 노래로 장식을 하는 경우가 많아졌다. 그리고 가끔 그분에게 국민 운동으로 보급하고 있다는 말씀을 전한다. 하나님의 사랑에 감격하고, 그 사랑으로 이웃을 사랑하고 그 이웃 사랑의 실천 중, 아름다운 실천이 한 사람으로부터 시작해서 곳곳에 전파되는 것이다.

정말 이 믿음의 소원이 우리 선교팀을 통하여 또, 그분을 아는 모든 분들이 성령의 인도하심에 따라 지속적으로 이루어지기를 소원한다. 모든 영혼이 축복받기를, 모든 영혼이 복의 근원이 되기를 희망한다.

"가로되 나는 선지자 이사야의 말과 같이 주의 길을 곧게 하라고 광야에서 외치는 자의 소리로라 하니라"고 요한복음 1장 23절에 세례 요한이 외쳤다.

우리가 서로 축복함이 주의 길을 곧게 하는 길이라 믿는다. 홈이 패이고, 너무 높이 솟아 있고, 지나치게 왜곡되어, 그 진실을 알 수 없는 세대에서 서로가 서로를 주님의 이름과 주님의 사랑과 주님의 성령으로 축복할 때, 주님의 임재와 축복이 우리가 서 있는 곳에 넘칠 것이다.

믿음의 용기와 결단이 필요하다.

자신의 육체를 쳐서 죽기까지 복종하기를 마다하지 않고 순종한 사도 바울과 같은 성령의 힘을 입은 자들이 되어야 할 것이다. 깊은 기도, 오랜 기도, 전적인 기도로, 하나님의 마음을 알기에 부족함 없이 늘 산을 오르내리며 기도하신, 하나님의 음성을 온전히 들으시기를 소원하시는 훌륭한 권사님! 그분이 어느 날 나의 춤을 보시고 내게 써 주신 시를 옮겨본다.

춤으로 받으소서

아버지
제게 주신 오! 하나
그것으로 드리오니
춤으로 받으소서

몸으로 받으소서
골수 마디마디
초로 녹이시고
불을 붙이소서

혼으로 받으소서
영으로 받으소서
남기고 가신 발자국
춤으로 밟고 가도록

한 사람을 사랑하는 그 정성은 이 시 한 편을 통해서 알 수 있다. 깊은 관심을 가지신 분이다. 나도 이러한 분들처럼 이웃을 참 사랑하는 능력의 소유자가되길 소원한다. 그리고 끝까지 "축복하소서"를 부르기를 소원한다.

그리스도의 장성한 분량을 향하여

항상 선교의 현장에는 수종자를 두시고 항상 선교는 짝을 지어 행하게 하셨다. 사도행전 13장 2절에 "주를 섬겨 금식할 때에 성령이 가라사대 내가 불러시키는 일을 위하여 바나바와 사울을 따로 세우라" 하셔서 바나바와 사울을 따로 세우고, 사도행전 13장 5절에서 "살라미에 이르러 하나님의 말씀을 유대인의 여러 회당에서 전할 새, 요한을 수종자로 두었더라"고 하였다.

모든 염려를 맡기고 살아 계신 하나님을 믿고 받은 바 은혜를 인하여 복음을 전하러 나가면 항상 예비하시는 주님의 사랑을 우리는 체험케 된다.

선교는 믿지 않는 자들에게 전하는 복음이요, 선교처는 믿지 않는 사람들이 있는 곳을 말하는 것이니, 결코 옥토는 아니기에 핍박이나 수치나 환난이 있을 것이 분명한 것이다. 그러나 하나님께서는 준비된 선교를 하게 하신다.

누가복음 9장 62절에는 "…손에 쟁기를 잡고 뒤를 돌아보는 자는 하나님의 나라에 합당치 아니하니라"고 예수님께서 말씀하시면서 10장 1-3절에서 "이 후에 주께서 달리 칠십 인을 세우사 친히 가시려는 각동 각처로 둘씩 앞서 보내시며 이르시되 추수할 것은 많되 일군이 적으니 그러므로 추수하는 주인에게 청하여 추수할 일꾼들을 보내어 주소서 하라 갈지어다 내가 너희를 보냄이 어린양을 이리 가운데로 보냄과 같도다" 하신 것을 보아도 알 수 있듯이 선교를 할 때 항상 우리를 염려하시는 하나님께서는 합당한 것을 준비해 주신다.

그간 10여년 동안 선교의 현장을 밟았다. 무용 선교라는 어색한 일들을 열린 마음과 믿는 마음으로 대접하여 주신 귀한 수종자들, 귀한 믿음의 수종자들을 만나게 하셨으며, 선교의 때마다 합력하여 선을 이룰 자를 주신 하나님께 감사하지 않을 수 없다.

성령의 충만함이 부족할 때, 인간적 마음으로 많은 실수와 죄를 범한 적도 있었고, 때로는 정말 신바람 나는 선교를 끝까지 믿음과 순종, 사랑과 인내로 멋있게 하나님께 영광을 올려 드린 때도 있었다. 또, 어느 때는 우리 무용 선교팀이 수종자가 되기도 하여 하나님의 부르심에 합당하게 쓰임 받게 하신 즐거운 일도 있었다.

선교 단원들과 이루 헤아릴 수 없는 끈적한 인생의 쓴맛도 체험케 하시고,

사랑을 불붙듯이 붙여 주시기도 하시고, 주로 섬기는 자로 서있는 내가 너무도 큰 교만 죄로, 부끄러워 얼굴을 못 들을 때도 있었다. 그럼에도 오늘까지 성령의 불을 끄지 않으시고 오래 참으시고 여전히 긍휼을 베푸시는 하나님으로 인해 우리 믿음의 순종은 더욱 깊어지고 감사하여 짐을 고백하지 않을 수 없다.

요한복음 15장 1-2절 말씀에서 "내가 참 포도나무요 내 아버지는 그 농부라 무릇 내게 있어 과실을 맺지 아니하는 가지는 아버지께서 이를 제해 버리시고 무릇 과실을 맺는 가지는 더 과실을 맺게 하려 하여 이를 깨끗케 하시느니라" 하신 것처럼 하나님께서는 구습이나, 감정, 자아 중심 등의 열매 맺지 못할 여건으로부터 늘 주님께로 거하기를 원하신다.

깨끗치 않고는 열매를 맺을 수 없기 때문이다. 우리의 죄악과 성령을 대적하는 모든 것들이 씻겨 나갈 때의 그 아픔과 자존심 상함은 고통이지만, 곧 그 뒤에 오는 기쁨과 평안이, 나아가 열매 맺음의 삶이 있음을 늘 알게 하셨다.

"여호와께서 아브람에게 이르시되 너는 너의 본토 친척 아비 집을 떠나 내가 네게 지시할 땅으로 가라"(창 12:1) 하신 것처럼, 믿기 전의 우리의 본토 친척 아비 집이 무엇이며 믿음 안에서도 아직 떠나지 않은 본토 친척 아비 집이 무엇인지 우리는 하나님의 말씀을 통하여 이해하고 떠나는 훈련을 해야 하는 것이다.

좋은 수종자, 좋은 선교의 짝을 늘 주신 하나님, 나의 부족함과 나의 죄악조차도 온전케 하시려고 모세와 아론 같이 늘 채워 주시는 하나님.

늘 죄인임을 고백하고, 죄악됨을 고백하면서 뒤돌아 서서 돌아오지 않을 사람처럼 낙심하기도 하면서도 선한 목자되시는 예수님께서 진정한 동행자가 되어 주시며, 수종자와 짝을 허락하시는 하나님!

"주께서 주신 은혜가 차고 넘치나이다. 홀로 영광 받으소서 아멘."

아름다운 믿음 앞의 좋은 만남

무용 이론을 강의한 지 10여년이 넘었으나 책 한 권 쓰는 일이 쉽지 않았다. 또 무용 선교나 일반 선교를 한답시고 솔직히 그때를 미루어 왔다. 2000년 말에 2001년에 있을 교수 승진 등의 일로 무엇인가 하고 싶었는데 프레이즈음악신학교에 나갈 때부터 책을 쓰면 좋겠다고 이야기하신 기독 무용과의 박효정 교수나 주변의 몇몇 분들의 권유가 생각나서 그간 모아 두었던 자료들을 정리하기 시작했다.

하나님의 사랑과 말씀으로 강의해 온 몇 가지 자료들과 내가 생각하기에도 정리해 볼 필요가 있다는 자료를 들고, 기도 후 프레이즈음악신학교의 박연훈 목사님께 의논을 드렸다. 목사님께서는 쾌히 도와주시기로 하였고 프레이즈음악신학교의 인쇄물을 출판하는 출판사를 통해 책을 발간하기로 하였다.

출판사로 넘어간 첫 번째 원고는 대학원 연구 기간과 서울 시립 무용단에서 무용수로 재직하는 동안 주로 깨닫게 하셨던 한국무용의 해부기능학적 접근 및 몸 풀이의 당위성 등에 대한 연구 내용이었다. 이 논문은 주로 서울 시립 무용단에서 재직하던 기간에 무용 잡지사인 무용한국사의 논문집에 게재하였던 것이 주류를 이루고 있다. 무용 실기만 해도 될 그 당시, 무용한국사 구자운 사장님의 끊임없는 교육적 권면으로 연구 발표한 것들이었다.

책 출판을 의뢰한 후 하루가 지나서 뜻하지 않은 전화가 숙명여대 연구실에 걸려왔다. 곱고 잔잔한, 그리고 침착한 여자 음성이었다. "누구세요?" "저 이옥기 권사입니다." 잠깐의 적막이 흘렀다. 다시 "무용한국사 구자운님…." 난 그때야 알아차렸다.

과거 무용한국사 사장이셨던 구자운 장로님의 아내이신 이옥기 권사님이셨다. 나는 너무 반가웠다. "아니, 어떻게 전화하셨어요?" 그분은 막 웃으셨다. "선생님 책이 우리 출판사로 왔어요!" "아니, 어떻게 권사님에게로요?"

내가 프레이즈음악신학교를 통해 출판하기로 한 나의 논문집을 출판해 주실 출판사가 알고보니 이옥기 권사님이 운영하시는 도서출판 창조였다.

나는 참 신기하였다. 늘 10여년 신앙 생활 속에서도 끊을래야 끊을 수 없는 인연으로 선교 무용에 도움을 주시고 간간이 소식을 듣게 하셨던 분이셨다. 예전에 그분들이 운영하셨던 무용 잡지에 게재했던 연구물을 주님의 이름으로 출판하는데 담당하게 되셨다니 이 또한 하나님의 계획하심이 아니고 무엇일까? 더군다나 다시 책을 내시는 일을 감당하게 되시면서 무용인으로부터는 처음 의뢰받는 책이었다고 말씀하신다.

인생에서 늘 내게는 선한 교육적 도움을 주셨던 분들에게 첫 출판될 책을 맡기게 되었다니 실로 하나님의 예비하심과 계획하심을 볼 수 있어서 기뻤고 귀한 동역자들이신 것을 확인하는 일이었다.

인연은 이처럼 묘한 것이었다. 나는 이날 너무 신기하고 반가워서 조교와 함께 그 사연을 흥분하며 이야기했다. 아름다운 믿음의 길을 걸어가고 계신 무용계의 산 증인 중 한 분이신 구자운 장로님과 이옥기 권사님!

믿음의 좋은 글들을 위해 인생의 황금기를 출판 사업에 헌신하시고 계시다. '앞으로는 이분들과 내가 어떠한 인연으로 세상을 살게 될까?' 라고 의미심장

한 기대를 걸어도 좋을 듯하다. 이분들과의 새로운 만남, 믿음의 만남은 진정 하나님께서 창세 전에 예비하신 신묘막측한 관계라고 생각된다.

구자운 장로님은 약간 몸이 불편하신 듯하다. 출판 관계로 이옥기 권사님만 뵈었고 구자운 장로님은 전화 상으로 음성만 들었다. 내가 바라기는 조속히 건강이 회복되시고 무용계의 어린양들을 위해서 지난날 하셨던 섬기는 지도자적인 일들을 다시 하시게 되길 바란다.

매 권의 책이 나오는 전 과정에 쏟아주시는 사랑과 관심, 도움에 진심으로 주님의 이름으로 감사드린다. 태어나 극적인 첫 번째의 책 출판을 앞두고 머리 숙여 기도하였었다.

"주님, 모든 것을 주님께서 예비하신 분들과 함께 이루어지길 원합니다."

바로 기도한대로 이루셨다. 나의 무용 성장 과정중 참으로 중요한 시기에 지켜보신 그분들이 담당하게 되신 것이다. 진심으로 두 분과 직원 분들에게 주님의 크신 은총이 함께 하시길 간절히 기도한다. 다시 한 번 여호와 이레의 예비하신 하나님을 찬양한다.

주님과의 동행

대부분의 성도들이 이스라엘 성지 순례를 다녀오기를 원하며, 또 많은 사람들이 성지 순례를 다녀왔을 것이다. 나는 성지 순례를 숙명선교회 회원들과 함께 다녀왔는데 그때 '시내산 오르던 일'을 잊을 수가 없다.

소중하고 중요한 일을 모두 형용할 수 없겠지만, 나는 유난히도 모세가 올랐던 '시내산'에 큰 관심이 있었다.

하나님께서는 왜 모세를 시내산으로 부르셨을까?

난 시내산에 오르기 전에, 꼭 해야 될 일이 있었다. 모세가 만난 하나님을 나도 뵈려면 내가 무언가를 해야 된다고 생각했다. 기도하던 중, 회개하여야겠다는 생각이 들었다. 내가 화목하지 않은 자, 내 마음과 생활 속에 꺼리는 일 등, 하나님께서 싫어하시고 미워하시는 일을 모두 고백하고 시내산에 오를 것을 다짐했다. 그리고 기도하면서 나와 한 방을 쓰기로 한 자매와 대화를 통해 해결할 일이 있음을 발견하게 하셨다. 나는 기도가 끝나자마자 그 자매와 이야기를 시작했고, 서로가 오해된 부분들을 허심 탄회하게 내어놓았다.

시내산을 태양이 뜨기 전에 오르기 위해서 새벽에 일어나야 함에도 시간 가는 줄 모르고 늦게 새우잠을 자고 일어나서 산에 오르기 시작하였다.

안내자가 약간 겁을 주어서 긴장을 한데다 날씨가 추워서 우리 모두는 초긴장 상태였다.

나는 모세의 마음가짐을 가지려 애썼다. 하나님을 만나러 가던 모세, 그 모세가 어떤 마음과 생각으로 갔을까?

난 침묵 속에서 '그 나라와 의'를 생각하며 가급적 행동으로, 언사로 죄를 안 짓고, 불필요한 행동을 하지 않기로 하고, 서둘러 가는 사람에게는 길을 양보하고 나의 도움을 필요로 하는 사람에게는 도움을 주며 올라갔다. 2시간 이상이나 걸렸다. 관광객들은 낙타를 타고 오르기도 하고, 우리 회원들도 낙타를 타고 오르는 분이 계셨다.

난 걸어간 모세를 생각하며 끝까지 걷기로 하였다. 마음의 평안히 깃들었고 기쁨이 있었다. 너무 소란하지 않게, 너무 관광하는 것처럼 하지 않고 진실로 오늘 이 시대의 모세가 되어 난 올라가고, 또 올라갔다. 선배 중 대선배님 한 분이, 미끄러운 가파른 산등성이를 오르며 계속, 말씀을 암송하셨다. 나 보고도 따라서 암송하라고 하셨다. 그런데 나는 그분만큼 암송하지 못하고 있었기에 슬쩍 웃어가며 암송하며 따라갔다.

드디어, 정말 아슬아슬한 돌투성이인 시내산 정상에 올랐다. 그런데 난 약간 실망했다. 그곳에는 이제 막 떠오르는 태양만이 붉게 떠오르고 있었다.

하나님! 하나님은 어디에 계신가!

각자 회원들이 흩어져 기도하기로 했다. 난 지금 그때 무슨 기도를 했는지 정확히는 모르나 살아 계신 하나님을 뵈옵기를 기도했던 것으로 생각된다. 잠시 후, 꽁꽁 얼어붙은 얼굴을 맞대며, 웃어가며 사진을 찍었다. 그리고 태양이 작열하기 전에 내려가야 한다는 안내자의 말에 얼마 안되어서 내려왔다.

그런데, 그때부터 신기한 일이 일어났다.

찬송가 434장

"나의 갈 길 다 가도록 예수 인도하시니. 내 주 안에 있는 긍휼 어찌 의심하리요. 믿음으로 사는 자는 하늘 위로 받겠네. 무슨 일을 만나든지 만사 형통하리라. 무슨 일을 만나든지 만사 형통하리라."

이 찬송가를 시내산에서 내려올 때부터, 잠자리 들기 전까지, 쉴새없이 부르게 하셨다. 정말 내가 부른 것이 아니라 하나님께서, 성령님께서 내게 부르게 하셨다. 나는 하나님을 만난 것이다. 그리고 그 비결을 알았다.

찬송가 내용대로, 믿음으로 살 때 하나님을 뵈올 수 있지만, 믿음의 길로 마치 시내산에 오르기 전 회개하며, 하나님을 뵈옵길 간절히 사모하고 또한 오르며 내리는 길을 산 제사로 드리길 얼마나 작정했는가, 그리고 실천했는가.

그 높은 산, 험한 산을 짜증 없이, 원망 없이, 불만 없이, 곱게, 순전하게 믿는 마음으로 겸손히 오직 하나님의 마음을 품고, 모세의 마음을 품고 갔는가.
그렇게 인생을 살면 되는데, 그렇게 믿음 생활하면 되는데….

하루하루 일과가 시내산을 오르는 것이다. 선교 한 현장, 현장을 시내산을
오르듯 하는 것이다. 한 사람과의 교제를 시내산 오르듯 하는 것이다. 순간 순
간을 시내산 오르듯 하는 것이다.

시내산!

난 오늘도 시내산을 오르며, 그때 같이 올라갔는가. 과연 하나님께서 주신
"나의 갈 길 다 가도록 예수 인도하시니"라고 고백되는 삶이었는가, 아니면
"나의 갈 길 다 가도록 내가 인도하시니"였는가 아니면 세상이 인도하는가 인
가. 그때 그 감명, 확신, 결단, 의지, 순종이 내게는 매일매일, 순간 순간 필요
하다.

물론 에베소서 2장 8-9절 말씀처럼

"너희가 그 은혜를 인하여 믿음으로 말미암아 구원을 얻었나니 이것이 너희
에게서 난 것이 아니요, 하나님의 선물이라 행위에서 난 것이 아니니 이는 누
구든지 자랑치 못하게 함이니라"

정말, 은혜로 받은 믿음, 은혜로 사는 그리스도인의 삶이지만, 구원받은 자
가 하늘에 오르기까지 살아야 할, 이 인생을 어찌 살다가 가야 하는가에 대한
해답을 '시내산'은 해주었다. 오늘도 난 시내산을 오른다. 믿음으로 오른다.
함께 동행하시는 주님과 오른다.

보고 싶은 어머니

2000년 5월 31일, 이른 새벽. 선교 무용단은 부산에서 「생명의 잉태」라는 노래와 춤으로 말하는 전례극 중, 무용 부분을 공연하기 위하여 내려갔다. 난 이작품을 음악하시는 수녀님을 통해 안무 지도 청탁을 받고 1년 전부터 이 작품과 동행하고 있었고, 부산 역시 앙코르 공연으로 간 것이다.

공연 직전, 저녁 식사를 하러 가는 도중에 난 전화를 받았다. 서울에서의 전화였다. 친정 어머님께서 위독하시다는 것이다. 중요한 공연 때는 대체로 금식을 하는데 이 날은 여러 사람에게 심려를 끼치게 될까봐 먹는 척이라도 해야겠다고 생각하며 가던 중이었는데, 너무나 깜짝 놀랄 소식을 듣고 보니 더군다나밥을 먹을 수가 없었다. 잠시 생각 끝에, 이제 공연을 앞두고, 서울로 갈 수도없고, 어머님과 공연은 서로 큰 비중으로 나를 안타깝게 하였다. 분장실에 엎드려서 울며 기도하기 시작했다.

"하나님, 저희 어머니를 살려주세요." 통곡했다.

"하나님, 살려주세요. 제가 이렇게 선교 공연하러 왔는데, 제발 제가 서울올라갈 때까지 만이라도 살려주세요." 가슴에 복받쳐 오르는 설움이 더 이상기도를 할 수 없었다. 단원들이 나의 운 모습을 보고, 또 '울보 선생'이 울었구나'라고 생각하는 것 같았다. 나도 단원들에게 공연 전에 부담을 주기가 싫었다. 빨리 공연 끝내고 올라가야지라는 마음으로 공연을 하였다.

순간 순간 내 정신이 아니었다. 결국, 「마리아의 통곡」 끝 부분에서는 바닥에 엎드려 울 수밖에 없었다. 공연을 무사히 끝마쳤다. 서둘러서 서울 올라갈차비를 하는데 단원 중 부산에 사는 가족들이 찾아오셨다(부모님이 아직 믿지않는 가정이다). 난 그분들을 보는 순간, 어머님 생각이 나서, 손을 잡고 꼭 예

家族 어머님은 춤추는 나의 행복한 모습을 좋아하셨다. 이른 아침, 늦은 밤 가리지 않고 늘 따뜻한 밥을 차려주신 분, 늘 큰 말씀 없이 사랑해 주시던 분. 이렇게 정성 들여 나를 가르치고 키워오신 어머님께 보답하기 위해, 하나님 안에서 최선을 다하는 무용인으로 살고 싶다.

수님을 믿으시라고 권했다. 내 눈에서 흐르는 눈물은 연세 드신 분들에 대한 사랑의 눈물, 안타까움의 눈물이었다. 대절 버스를 타고 밤 10시경 출발하였다.

가족들에게 소식이 없었다. 난 한편 마음이 놓였다. 출발한 지 얼마 안되어, 단원들에게 기도를 부탁하였다. 단원들은 많이 놀랐고, 그때부터 침울한 기분으로 서울로 향했다.

12시 넘어서 전화가 왔다. 난, 그 소식을 듣는 순간, 하늘이 무너지는 듯 했다. 이 세상을 떠나셨다. 아니, 며칠 전만 해도, 내 주변에, 내 삶에 계셨던 그분이, 내 어머니가 세상을 떠나셨다. 아니, 사랑하는 딸과 말 한마디도 안 하시고 손 한 번 더 만져 주시지도 않고 가셨다. 아니, 난 어머님과 따스한 사랑의 이야기도, 포옹도 별로 해 보지 못했는데 가셨다. 인생의 허무함, 밤의 적막함, 하늘에서 떨어지는 별들을 보며, 난 울 수밖에 없었다.

단원들에게 알려졌고, 단원들도 통곡을 하고 울었다. 난, 감히 하나님이 사랑하시는 내 나라 내 민족을 위해, 그 공연 현장을 떠날 수가 없었는데, 하나님 어찌하여 어머니의 임종도 곁에서 지켜드리지 못하는 불효 막심한 딸이 되게 하십니까?

여동생이 내게 전화로 전해 주었다.

"언니가 원하는 대로 기도 많이 받으시고 편안히 세상을 떠나셨다"고….

그 허탄함, 인생의 허탄함, 만남의 허탄함. 그 오열하는 인생의 종말에 대한 허탄함이 내게는 허무하였다. 어머니는 홀홀 단신 이북에서 오신 분이다. 오직 가정만 돌보신 분이셨다.

새벽에 집에 돌아와 잠시 날이 샐 때까지 자고 병원으로 향했다. 남편은 그날, 미국에서 돌아왔다. 사랑하는 어머니를 잃은 다섯 남매의 슬픔은 가엾기만

하였다. 이것이 무엇인가? 산다는 것이 무엇인가?

그림자 같이 사라져버린 어머님!

정신없이 3일을 병원에서 지냈다. 문상객 접대로 정말 정신없이 보내고, 입관식, 하관식을 마쳤다. 입관식 때 어머님의 모습을 보았다. 어머님이 살아 계신 것 같았다. 아니 살아 계신데 누워 계시다고 느낄 정도였다.

난 어머님 얼굴에 입맞추었다. 그리고 무릎 꿇고 기도하였다.

어머님, 그리고 하나님!

이 민족, 이 가족 위해 늘 기도하겠습니다.

어머님, 평안히 가세요.

하나님, 우리 어머님, 하늘 나라에 평안히 옮겨주세요.

어머님의 육신은 흙으로

어머님의 영혼은 하나님에게로 가셨다.

난 하나님께 감사하지만, 나를 위해 고생하신 어머님을 다섯 남매 가운데 나만 못 본 것이 더욱 나를 슬프게 하였다.

어머님께서는 내가 고집이 좀 센 편이었다고 하셨다. 콩쿠르 때에도 무언가 내 뜻대로 안되면 골을 좀 내는 편이었다고 하셨고 나도 그런 기억이 어렴풋이 난다. 어머님은 어려운 환경에서 무용 공부시키느라고 애쓰셨고 잦은 콩쿠르 참가나 공연을 많이 좇아 다니셨다. 밤새 무용복을 만드시고 스팡크를 달고 수를 놓으셨다.

난 춤추기를 좋아했고, 어머님은 춤추는 나의 행복한 모습을 좋아하셨다. 이른 아침, 늦은 밤 가리지 않으시고 늘 따뜻한 밥을 차려주신 어머님. 내가 먹고 싶다고 하면 늦은 시간에도 뛰어나가 사 오시던 튀김.

늘 큰 말씀 없이 사랑해 주시던 어머님.

난 교수가 되도록 어머님을 위해 따뜻하게 안아드리지도, 업어드리지도 못했다. 수차 해외 여행을 다니면서도 국내 비행기 한 번 태워 드리지 못한, 좋은 여행 한 번 시켜 드리지 못한 못난 딸이다. 좋은 식사, 그 흔한 호텔에서도 한 번 대접해 드리지 못했다(권해도 응하시지 않으실 정도로 희생적이셨다).

지금 생각해 보면, 인생을 헛산 것 같다. 부모님은 살아 계신 하나님의 육의 형상이라고 감히 생각한다. 한량없이 베푸시기만 하시는 부모님. 지금, 아버님은 홀로 계시다. 사랑하는 아버님이시다. 생존해 계시는 동안 잘해 드리고 싶은 마음이 늘 있으면서도 역시 마음뿐 행하지 못하고 있다.

지금 이 시간, 어머님에 대한 글을 쓰면서 난, 한없이 운다.

어머님, 부디 하늘 나라에서 이 땅에서 못 누리신 기쁨과 행복 누리세요.

이 딸이 더욱 기도할께요.

나머지 여생 동안, 난 어머님께서 이렇게 정성 들여 가르치고 키워오신 것에 대한 보답으로, 하나님 안에서 최선을 다하는 무용인으로 살기를 원한다. 좀더 열심히, 하나님 안에서 온전하고 많은 영혼을 위한 무용인으로 성장하고 싶다.

나의 선교 무용의 특징

● 선교 무용을 올리기 전에 내가 하나님 앞에 사람에게 죄지은 것은 없는지 **돌아보는 편이다.** 공연이 시작되기 전에 최선을 다해 하나님께 여쭤 보고 회개하며 준비를 하여서 적어도 내 마음이 편하고 거리낌이 없을 때 공연에 임할 수 있도록 한다.

● 선교 무용을 하면서 나는 가끔 잘 보이려는 멋있게 추려는 마음이 있는 것을 발견할 때가 있다. 그럴 때면 **나의 마음을 비어 주님으로 충만케 한 후 무용을 하려고 노력한다.** 어느 때는 무용이 끝날 때까지 개운치 못한 나의 영적 상태를 붙들고 힘겹게 추는 경우가 있다.

● 선교 작품을 선정할 때 멋있는 작품, 사람에게 충격적인 모습을 보일 수 있는 작품을 선택하려는 때가 있다. 선교에 앞서 때로는 많은 사람으로 하여금 예수님의 능력이 임재하시는 춤에 대하여 많은 공격을 받을 때가 있다. 그것은 너무 길어요, 그것은 너무 지루해요, 좀 웃으면서 하는 것을 해 보아요, 웃는 것이 훨씬 보기 좋던데요 등으로…. 물론 그 말이 모두 틀린 것은 아니지만 정말 **하나님께서 원하시는 무용을 해야 한다는 그 중요한 점을 놓치지 않기 위해서 나는 끝까지 주의 음성을 듣고 선교에 임한다.**

● 가끔 생각치 않게 건강이 안 좋은 때가 있다. 멀쩡하던 다리가 아프다던지,

갑자기 근육통을 심히 앓고, 어깨가 결린다든지, 아니면 층계를 오르내리는 노인 분들의 힘겨운 걸음걸이나 지팡이를 짚고 다니시는 중풍 병자를 보는 경우 등…. 그러한 경우를 당하거나 볼때에 나는 **한 걸음 한 걸음 걸으며 팔을 올리며 춘다는 것이 얼마나 기적인지 새삼 놀라운 은혜의 체험을 한다.** 그래서 선교 무용할 때 모든 호흡, 시선, 감정, 움직임을 통해 더욱 최선을 다해 목숨을 걸고 하게끔 하신다.

● 나는 대체적으로 음악이나 무용 내용을 예수님이나, 성령님, 하나님이라는 말씀이 들어간 것을 택하고 또 주로 주님의 능력, 은혜, 고통 받으심 등, 십자가의 은혜가 있는 것을 택하는 편이다. 하나님께서 궁극적으로 나를 택하시고, 나를 사용하시는 목적은 나와 같이 죽었던 자를 살리시는 것이기 때문이다. 이모저모 두루 좋은 것들을 택하다 보면 진정한 우리의 선교의 핵심인 예수님이 증거가 되지 않기 때문에 음악 및 내용 등의 선택에 있어서 타협적인, 이중적인 것을 피하는 경우가 많이 있다.

● 선교 무용을 하거나, 기도하거나, 간증을 할 때, 나는 눈물을 잘 흘린다. 어느 때는 그 눈물에 문제가 있는 것 같아서 하나님께 그 눈물을 거둬달라고 기도할 때도 있었다. 그러나 나의 의지와는 관계 없이 눈물을 주신다. 내가 **하나님께 너무 감사해서, 내가 너무 기뻐서, 때로는 나의 죄로 인해서 또 예**

수님을 모르는 영혼을 생각하면서, 예수님께서 얼마나 우리를 불쌍히 여기시고 사랑하시는 그 마음 때문에 운다. 어느 때는 나의 기도가 부족하고 순종이 부족하여서 영적으로 악한 마귀 앞에 넘어진 것이 비참하여서 울 때도 있다. 하나님께서는 나의 눈물을 사용하시는 것 같다.

● **선교할 때 가장 많이 춘 작품이 「존귀하신 주」이다.** 사실 이 제목은 상황에 맞추어서 여러 번 그 이름이 바뀌었으나 무용의 주제는 존귀하신 주님을 기념하여 영광 올려드리는 작품이다. 선교 무용 이후 10년 이상을 어떠한 선교 터에서도 계속해 왔다. 은혜로움이 넘치는 작품으로서 무용단 전 단원이 사랑하는 선교 작품이다. 이 음악은 90년도에 음악하시는 집사님으로부터 전달 받았다. 미국에 다녀오시면서 은혜로워서 가져왔다며 서슴치 않고 나에게 주신 곡이다. 작곡, 연주, 노래 등 어느 것 하나 성령이 충만하지 않은 것이 없는 음악이라는 확신이 있다.

● 내가 숙명여대 교수이기 때문에 통상 초청하시는 단체에서는 전 단원이 숙명여대 재학생 및 동문으로 알고 계신다. 즉 미혼인 단원이 많은 줄 알고 신앙 안에서 많은 젊은이들이 기대하는 경우가 있는 편이다. 그러나 **우리 무용단은 거의 주부로 구성되어 있고 또, 출신 대학도 모두 다르다는 것이 특징이다.** 이러한 사실로 초청한 단체에서는 가끔 실망(?)하는 경우가 있다.

또한 가끔 동문 중심의 선교팀에 대하여 권유를 받을 때가 있지만, 가급적 하나님 말씀에 비추어서 서로 다른 신분을 가진 자들이 주님의 말씀, 사랑, 은혜로 하나가 되는, 즉 말씀대로 순종하는 예능 선교사로서 동역하기를 원하는 마음이 더욱 크기 때문에 이 또한 아직은 주님 안에서의 소속감만을 유지하도록 노력하고 있다.

● **선교를 위한 연습은 전 단원이 일주일에 2번 모여서 한다.** 오전 10시에 성경 공부, 기도로 시작하여서 오후 2시경까지 실기 연습을 한다. 전 단원들이 이틀 외에도 각자 선교의 터를 대체적으로 갖고 있다. 교회 무용교사로, 몸짓학교 무용교사로 학원이나, 학교 등의 무용교사로 일하면서 전 단원 모두가 특별한 경우를 제외하고 연습에 모두 참여하고 있다.

● 나의 선교 무용 연습은 그렇게 많이 하는 편이 아니다. 공연 전에 여유를 갖고 잠시 연습하는 편인데, **예수님을 구주로 영접한 후에 특징 중 가장 큰 특징이라 할 수 있는 것은 그렇게 좋아했던 춤에 대한 마음과 열정이 사라지고 성령이 임해야만 출 수 있는 스타일로 바뀐 것이다.** 평소에 무용에 대한 생각보다 선교에 대한 생각이 많은 편이다. 아마도 이해가 되지 않을 듯한 이야기인데 언제든지 무용을 하면 되겠지만 하나님께서는 평소에 하나님 나라의 의를 위하여 오히려 말씀 전하고 봉사하는 쪽으로 더 훈련을 시키시

는 것 같다. 또 선교 무용 공연을 앞두고 나는 주로 걷기를 많이 하는 편이고, 주로 삶 속에 만나는 예수님의 은혜로 선교 무용을 한다고 해도 과언이 아니다.

● 어느 곳에 초청을 받아서 가든지 사례비를 물어보는 경우가 많다. 물어보지 않고 교통비 정도라도 주는 곳이 있지만, 대체적으로 무료로 선교를 한다. 실제로 재정적으로 도울 곳은 많지만 도움을 우리에게 줄 곳에서는 별로 초청을 안하는 것 같다. **하나님께서 채워 주실 것이라는 확신을 갖고 가급적 사례비가 없는 선교를 하고 있다.**

● 우리 무용단원의 연령은 20대에서 60대까지로 구성되어 있다. 그리고 남자 단원은 선발하지를 않는다. 가급적 여성 중심의 선교단체를 유지하려고 하고, 새로운 단원 선발을 위한 오디션과 현 단원들에 대한 오디션을 연중 1회 실시한다. 그 실력도 다양한 편이고, 전공 역시 다양한 편이다. 한국무용, 발레, 현대무용 등 무용 실력보다 믿음과 사명에 대한 것과 가능성에 대하여서 비중을 두는 편이다. 나는 하나님께서 우리 단원들을 때에 따라 합당하게 사용하시고 있다고 생각한다. **과거에는 예술성 있는 장편을 안무해 왔지만 한국선교무용단 창단 이후, 가급적 찬양에 의한 무용을 안무하며 소품을 주로 만들고 공연해 왔다.** 너무 복잡하고 설명을 필요로 하는 것이 아닌 쉽게 다

가갈 수 있는 대중적인 것이 될 수 있도록 한 것이다. 우리 단원들 역시 선교 대상에 따라서 하나님께서 때마다 선별하여 사용하시는 은혜가 있다.

● 가끔, 주변 사람들로 하여금 구체적인 홍보, 기획 등 세상에 널리 알리기 위한 작업을 하자고 하는 권유를 받고 있다. 내가 현직 교수이고 활동의 한계가 있어서 여러 면으로 홍보하자고 하지만 **우리가 성령 충만하고 우리가 하나님 말씀과 하나님 안에 거해 있다면 굳이 홍보를 않더라도 하나님 방식으로 우리에게 필요한 모든 것을 공급하실 것이라고 믿는다.** 또한 대부분의 단원이 주부이고, 여성이기에 가정과 친척 등에 관심을 가져야 하며 절제를 필요로 하여야 한다고 본다. 사실 현재 미약한 활동임에도 단원들 모두가 시간, 재정, 체력 등이 부족함을 느낄 때가 많아서 어려운 점을 느끼기 때문이다. 오직 믿음과 성령, 사랑으로 충만하기를 깨끗한 그릇으로 쓰임 받기를 기대하며 순종하고 있다.

● **선교 무용을 위해서 전 단원이 자비량 선교를 하고 있다.** 매달 일정 헌금을 걷으며 경제적으로 최선의 생활을 하고 있다. 또 해외 선교시에도 초청 단체에서 숙식은 제공하고 여비 일체는 전 단원이 각자 해결하고 있다. 그러므로 재정이 많이 어려워 나를 비롯한 전 단원이 후원을 원하고 있지만 우리가 큰 재정 후원을 받을 만큼 선교의 그릇으로 빛날 때 그 일이 이루어질

것을 믿으며 어려운 가운데서도 최선을 다하며 순종하고 있다.

● **선교 무용에는 항상 바울에게 함께 했던 디모데가 있었듯이 중창단이 함께 한다.** 선교에 뜻을 같이 한 동역자들이다. 이들 또한 전원이 숙명인은 아니다. 누구든지 선교에 뜻있는 자들이면 모두 참여할 수 있도록 하고 있다. 무용 단원들의 선교를 위해 기도해 주고 찬양으로 성령의 선교를 인도하며 사랑으로 섬겨주는 귀한 동역팀을 하나님께서 주셨다. 이외에도 특별회원으로서 국악 선교나 연주 선교 등에 뜻을 같이하시는 분이 함께 하고 있다.

● **그간 선교 무용단을 거쳐서 해외로 파송된 단원이 제법있다.** 주로 미국과 캐나다에 다수가 파송되어 있다. 결혼으로 인해 떠났지만 그들이 이제는 가정이 안정되어서 교회에서 선교 무용 교사나 연극, 음악으로 활약을 하고 있다. 우리 전 단원들에게 하나님은 많은 기대를 갖고 계심을 알수 있다. 평범하지만 하나님의 자녀로서 가정의 파수꾼의 사역자로 은사의 부르심을 받은자로 섬기는 자이지만 주인 의식을 갖고 가정과 나라와 민족, 세계를 위해 쓰임 받는, 그리고 후손에게도 대대로 믿음의 유업을 남길 수 있는 현숙하고 정숙한 에스더와 같은 여종으로 양육하시며 사용하고 계심을 그간의 선교를 통해 확신할 수 있었다.

● 무용 단원이 연습하고 있는 장소는 청파동에 자리하고 있는 만리현 성결교회이다. 만리현 성결교회에서 우리들에게 장소를 제공하여 주셨다. 진심으로 감사를 드려야 되는 목사님과 성도들이시다. 그 교회에서는 선교원과 방과 후 수업이 있다. **우리 단원들이 꿈나무들을 키우고 있다. 훗날의 예능 선교사를 배출하기 위해서이다.** 수고하는 단원들과 교회학교 교사들의 아낌없는 사랑과 하나님께 향한 충성으로 아름다운 일들이 진행되고 있다.

● 우직하다라고 생각될 만큼 **가급적 인간적인 방법을 사용하지 않고 하나님께만 의뢰하려는 고집 때문에 어려움도 있지만, 많은 분들이 중보기도를 하여주시고 큰 물질과 봉사로 섬겨주시는 귀한 분들이 계시다.** 숙명 여자 대학교 무용과와 만리현 성결교회, 세계중보자기도회, 숙명선교회의 중보기도 및 물질 후원이 그 대표적인 사례이다. 또한 단원들의 남편들과 가족들이 무엇보다도 큰 후원이다. 큰 어려움 없이 지금까지 전 단원들이 하나님과 내게 향한 큰 사랑과 순종으로 하나님의 나라 확장에 함께 걸어왔다. 그렇게 된 것은 진심으로 단원들의 남편과 가족들의 사랑이었음을 확인한다. 이외에도 사랑하고 기도해 주고 염려하여 주시는 귀한 마음이 곳곳에 있음을 그 분들의 눈을 통해서 나는 뜨겁게 느끼고 있다.

● **나는 하나님께 감사하고 하나님 나라에 가기 전까지 이웃에게 복음을 전하**

고 믿음을 지키기 위하여 말씀 묵상과 기도를 꾸준히 하고 있다. 앞서 글에서도 잠시 밝혔지만 예수님 영접 후 새벽 기도를 다녔는데 요즈음은 새벽 기도에 참석을 못하고 있다. 가끔 시도를 하지만 낮에 조는 경우가 많아서 종래에 하던 방법으로 신앙 생활을 한다. 주야로 기도를 늘 하도록 힘쓰고 있으며 말씀 묵상을 주로 집에서 저녁에 한다. 학교에 출근하면 시간 틈틈이 말씀을 대하고 학생들과 무용단원들과 평생 교육원 학생들, 숙명선교회 회원들과 일주일을 거의 말씀과 기도로 생활을 한다. 내가 사모하는 것은 살아 계신 하나님과의 교제를 체험하는 것이기 때문이다.

어릴 때 신명으로 더덩실 춤추기 시작해 하나님의 신으로
춤을 추기까지 내 인생에 큰 변화를 일으키신 하나님…
이 땅에 태어난 보람과 가치를 느끼게 해주시고, 이웃사랑을
조금이나마 실현할 수 있게 해주신 은혜에 감사드립니다.

나의 기도 제목

● 세계 대통령들이 구원의 확신이 있도록.

● 세계의 교회와 믿음의 백성들이 성령 충만함으로 승리하도록.

● 미국이 세계 열방을 향한 복음을 감당하기 위하여 첫 믿음, 첫사랑을 회복하며 미국을 위한 세계 중보기도자들이 많아지도록.

● 세계에 흩어진 이민자와 한국인이 불의한 대접을 받지 않고 특별히 한국인들이 복음의 사명자로서 세상을 보고 낙심치 말고 영적 승리를 할 수 있도록.

● 세계 속의 한국인, 1.5세, 2세 유학생들이 밟는 땅마다 그들의 땅이 되며 그 땅을 통하여 하나님의 영광을 드러내도록.

● 세계 속의 자연 재해를 하나님께서 긍휼을 베푸사 거두시도록.

● 우리 나라 대통령과 북한의 지도자가 믿음의 반석 위에 서며 그들의 가족, 측근, 정계 지도자 및 각계 지도자들이 믿음으로 나라와 민족을 섬기도록.

● 우리 나라의 조상신 등 우상과 이단이 모두 주님의 이름으로 물러가도록.

● 우리 나라 부정, 부패, 방탕, 사치, 불성실 등의 어두움이 물러가도록.

● 우리 나라가 성서 한국, 선교 한국, 통일 한국을 이루어 세계의 복음국가로 설수 있도록.

● 남북한이 오직 복음으로, 통일을 이루고 서로 사랑과 겸손으로 하나될 수 있도록.

● 우리 나라에 전개되고 있는 성시화 운동이 성공할수 있도록.

● 우리 나라 전 국민의 처지에 합당하고 건전한 복지가 이루어질수 있도록.

- 숙명 여대 복음화 및 학원 복음화를 이룰 수 있도록.

- 예술계의 복음화를 이룰 수 있도록.

- 가정을 성가정으로, 직장은 신우회 결성으로 인한 기도와 말씀, 사랑으로 발전할수 있도록, 교육 기관은 교회와 예배, 말씀에 의한 교육으로 하나님의 자녀로서 양육할 수 있도록, 교회는 진정 예수 그리스도를 머리로 삼는 교회가 될 수 있도록.

- 성도들이 살고 있는 처소들마다 성령 충만하며 이웃들이 그들로 말미암아 예수님을 구주로 영접하고 평안할 수 있도록.

- 시댁과 친정의 부모, 형제, 후손들이 모두 구원을 얻고 성령 충만함으로 주 안에서 형통한 삶을 살 수 있도록.

- 우리 가족이 믿음의 반석 위에 굳게 서서 성령 충만하며 밟는 모든 땅과 만나는 영혼들이 우리 가족들로 말미암아 예수님을 믿고 모든 일이 형통하도록.

- 고아, 과부, 병든 자, 죄를 지은 자, 실직자, 노숙자, 직업 여성 등 고통 가운데 있는 자들이 주님을 영접하여 주님으로 인하여 위로받고 세상을 이길 수 있도록.

- 군인, 경찰, 공무원 등이 믿음과 말씀으로 맡은바 직분에 최선을 다하도록.

- 선교단원들이 성령 충만하고 믿음으로 밟았던 땅이 더욱 은혜로 열매 맺고 앞으로도 더욱 순종하여 하나님의 영광을 드러내도록.

- 하나님의 은혜에 감사하므로 하나님의 영광을 드러내도록.

● 하나님은 창조주시며 살아 계시다는 것을 믿어야 한다(창 2:1-3; 출 3:14).

● 예수 그리스도는 하나님의 아들이시며 그분을 통하여 구원을 얻으며 얻을 수 있다는 것을 믿어야 한다(요 3:16).

● 우리는 하나님의 자녀임을 믿어야 한다(요 1:12).

● 우리는 죄인임을 항상 고백해야 한다(요일 1:9; 요 15:1-5).

● 예수 그리스도께서 우리의 죄를 대신 지시고 돌아가셨다는 것을 믿어야 한다(고전 15:3).

● 성경 말씀을 살아 계신 하나님 말씀으로 믿고, 성도의 양식으로 믿으며, 매일 묵상해야 한다(히 4:12; 수 1:8).

● 하나님께 늘 기도 생활을 해야 하며, 신령과 진정으로 예배드려야 한다(살전 5:16-18).

● 중보기도팀을 구성하여 기도의 협력이 있어야 한다(시 145:18, 행 4:31).

● 삶 가운데서 하나님을 인정하며 순종하는 삶을 살아야 한다(요 15:7, 잠 3:6).

● 하나님은 사랑이시다라는 것을 믿으며 사랑하는 삶을 살도록 노력해야 한다(요 15:9, 12).

● 성령이 임하시기 전에 선교는 삼가는 것이 좋다(눅 24:49).

● 무용이 목적이 아니라 선교가 목적임을 인지해야 한다(행 1:8; 고전 1:17).

● 몸이 성전이라 하셨고, 성령이 임하시는 곳이라 하셨기에, 의의 병기로 사

용해야 한다(고전 3:16-17).

● 예수님을 모르거나, 예수님은 알지만 방황하는 영혼들에게 주님의 이름과 사랑을 전해야 한다(요 1:12; 눅 9:26).

● 항상 선교 공연 자체보다 과정 가운데 섬김과 사랑으로 그 나라와 그의 의를 구하여야 한다(마 6:33).

● 말씀과 성령께 의지한 선교를 해야 한다(마 28:18-19).

● 선교는 영적 전쟁인 것을 명심하고, 성령님께서 앞서 행하시고 이루시도록 겸손해야 한다(엡 6:10-13).

● 선교는 주님의 동행과 역사하심을 믿는 믿음과 은혜로 이루어져야 한다(히 11:6).

● 하나님 말씀에 의한 무용 지식과 실기를 지속적으로 연구, 훈련해야 한다(잠 2:1-9).

● 선교 대상에 대한 충분한 사전 지식을 알고 영적으로 분별해야 한다(수 2:1-3).

● 가시적 훈련 및 준비와 더불어 휴식을 취할 줄 알아야 한다(고전 14:40).

● 선교 후에 하나님께 온전히 영광을 올리도록 경건의 자세를 준비해야 한다(벧 4:13, 16).

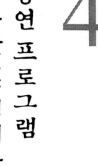

공연 프로그램 인사글 및 격려사

4

오늘이 있기까지 무용의 변화,
삶의 변화를 알 수 있는 내용들이
담긴 공연 프로그램의 인사글,
격려사 등을 소개한다.

제5회 대한 민국 무용제 출품작

- 기간 : 1983년 10월 15일부터 31일까지
- 작품 : 설무리 「연습실」
- 작품 의도 : 설무리는 오늘도 연습실에서 사색하며 진통하고 있습니다. 어떻게 하면 '춤나래'를 마음껏 펼 수 있을까? 하고 말입니다. 뇌리를 스쳐가는 많은 사유 속에서 한국무용에도 몸 풀이가 필요하다는 생각에 한 마음으로 머물게 되었습니다. "완숙한 우리 춤을 향해 가는 길이라면 용기를 갖고 거짓 없는 땀을 흘려보고자"라고 서로를 다짐해 가며 다시 연습에 임해 봅니다. 긴 번민 속에서의 희망과 좌절의 시간은 우리를 무한히 크게 해주리라고 믿으면서.

제1장 사색의 장

무엇을 하려는가

왜 이제 왔는가

머물지 말고 무엇을 해야지

우리는 알고 있지

무엇을 해야 한다는 사실을

ㄱ+ㄴ+ㄷ+ㄹ+ㅁ

ㄴ+ㄷ+ㄹ+ㅁ+ㄱ

....

ㅁ+ㄱ+ㄴ+ㄷ+ㄹ

제2장 진통의 장
잉태는 모든 것에 앞서가는 것
손끝, 팔
발끝, 다리, 그리고 목
서서히 뒤틀리기 시작하는구려
가슴으로
등으로
몸 통으로
옆구리로… 답답하군.
가슴을 밀고 샘물이 솟는다.
이제 막 터져 나갈 것 같군.
터졌어
온몸이 마구 열에 들 떠 있어요
우린 열병을 앓고 있어
열병을 앓고 있어
열병을 앓고 나면 우린 이제…

제3장 완숙의 장
둥둥둥 북을 쳐라
더덩실 춤을 춰라
쉼없이 둥글게 빚어라

실타래처럼 풀어라
추어라, 춰라!
우리가 추고 싶은 춤
내가 추고 싶은 춤
죽어서도 출 춤
내 눈물 내 웃음이 담긴 춤
하하…
영원히 추어라
지치도록 추어라
새처럼 훨훨 춰라
사랑하는 내 춤들이여
....
땀 내음이 꽃향기가 되어
나를 감싸네
우리를 하나로 만드네
기쁘네, 즐겁네
미치도록 눈물이 나더라네
영원히 사랑할 춤이여. 춤이여
환희의 춤이여!

글 : 박순자
도움말 주신 분 : 손동인

- 기간 : 1984년 10월 11일– 26일까지
- 작품 : 설무리의 「흙」
- 작품 의도 : 내가 이렇게 서 있어서 좋다.

  내가 그대와 오늘 만날 수 있어서 좋다.

  흙! 그대가 없었다면,

  그대는 나에게 진정한 삶을 주어서 좋다.

  나의 생명을 느끼게 해서 좋다.

  한 발자국 한 발자국 디뎌온 귀중한 흙,

  그대 속에서 나를 볼 수 있어서 좋다.

  묵묵히 말이 없는 그대

  그대는 나의 모든 것이요, 나의 사랑이요, 나의 고향일진데….

  모두에게 고향이 있어서 좋다.

  고향은 흙이다. 나의 흙, 그것은 조국이다.

  태어날 때 흙에서 태어나, 흙 속에서 영혼을 뿌리며,

  원하건대, 흙이여 그대는 곧 우리의 소망이어라.

  그래서 내가 이렇게 서 있어서 좋은 것이다.

  난 그대와 오늘 만날 수 있어서 좋은 것이다.

  흙을 우리가 잊지 못할 때, 우리 모두 영원하리.

  ■ 글 : 박순자

제1회 정기 공연 설무리 춤판에서

1985년 2월 26일 화요일 저녁 7시 문예회관 대극장

● 격려사

— 숙명여대 무용과 교수 송수남

거칠고 메마른 땅에 씨를 뿌렸습니다. 가난한 농부의 마음으로 귀한 씨를 뿌렸습니다. 이 세상 모든 삼라만상이 그러하듯 한 그루의 나무가 하나님의 섭리 없이 자랄 수 있겠습니까?

거친 땅 일수록 정성 어린 농부의 땀방울로 얼룩져야 하며 충분한 밑거름과 수분, 햇빛 등 많은 영양이 필요한 것입니다.

지금 여기 가냘픈 새싹이 땅을 뚫고 솟아나옵니다. 관객 여러분은 햇빛이오, 수분이며 거름입니다. 바로 여러분들의 눈길이야말로 새싹을 시들게도, 병들게도, 활기차게도 할 수 있는 가장 큰 힘을 가지고 있습니다. 서슴치 마시고 뜨거운 눈빛으로 지켜봐 주십시오.

설무리는 문자 그대로 눈(雪)같이 순결하고 아름다운 형태를 지녔으며 춤으로 호흡하는 뜻있는 숙명인들만으로 결속된 무리들의 마을입니다. 즉, 雪이란 눈이오, 눈은 곧 숙명인을 뜻함입니다. 舞는 춤이며, 춤의 품에서 인생을 엮어 가겠다는 뜻이며, 里는 같은 뜻을 가진 사람들만이 모여 사는 마을이라는 뜻입니다.

이런 뜻으로 모인 숙명여대 출신의 젊은 무용인들 15명을 주축으로 1980년 이른 봄. 우리는 한자리에 모였습니다.

그리고 우리는 춤을 추었습니다. 그리하여 1983년 대한 민국 무용제에서 작품 「연습실」로 안무상을 수상했고, 1984년 「흙」으로 또한 여러분 앞에서 격려를 받았습니다.

지금 조심스럽게 또 한 걸음 여러분 앞에 다가 서렵니다. 뜨거운 햇살과 단비와 거름을 듬뿍 부어 주십시오. 틀림없이 잘 성장할 것입니다. 반드시 예쁜 꽃과 풍성한 열매로 여러분들의 생활을 윤택하게 함은 물론, 사랑을 독차지 할 것입니다.

● 인사말 : 설무리 첫 정기 공연에 임하면서

- 설무리 회장 박순자

유난히도 추운 겨울인 것 같습니다. 잘 뭉쳐지지도 않는 눈덩이를 뭉치듯, 겨우내 정성 들여 조그마한 작품을 빚어 초봄에 공연하게 된 것에 우리 모두 무한한 감사의 마음을 가져봅니다. 세상의 소리를, 우리의 소리를 몸으로 표현해 낸다는 짙은 정열만이 이러한 자리를 만들 수 있다는 생각으로 설무리는 머물지 않고 춤나래를 폈습니다.

창단된 지 2년 남짓한 지금, 과거 쌓아온 춤 실력과 예술관을 토대로 나름대로의 춤의 언어를 만들기에 성급히, 겁없이 뛰어왔습니다. 한때는 최대한으로 숨을 조아려서 살얼음 밟듯, 때로는 용광로 속에서 끓는 쇳조각처럼 무척이나 뜨겁고 강하게 용기를 갖고 집착하여 보았습니다. 그러는 가운데 오직 변치 않는 마음은 영혼을 뒤흔드는 불멸의 진리의 춤을 추고픈 욕구의 실현에 대한 가능성과 희망을 건져 끌어올리는 것이었습니다. 앞으로도 아마 그렇게 되고픈 가능성과 희망 속에 사는 것이 설무리의 소원이며 목적일 것입니다. 제5·6회 대한 민국 무용제를 거쳐 이번 첫 정기 공연을 갖게 되기까지 도움을 주신 여러 선생님, 선배님께 머리 숙여 마음 깊이 감사드리며, 특별 출연을 기꺼이 하시어 저희들의 자리를 한층 뜻있게 하여 주신 송수남 교수님께 앞으로도 진정한 무용인으로의 삶을 위해 값진 충고로 저희들을 격려해주시기를 원합니다.

끝으로, 어려운 여건 속에서도 꿈나래를 마음껏 펴주신 회원 여러분과 찬조 출연을 하여 주신 인천교대 무용부에게 아낌없는 사랑의 마음을 전합니다.

제1회 박순자의 춤

1985년 12월 1일 제1회 동숭동 문예회관 대극장

● **격려사**

인천 교육 대학장 남억우

박순자 교수의 무용 발표회를 진심으로 축하하며, 해를 거듭할수록 더욱 원숙한 경지로 다가서 가고 있는 박 교수의 기능적 발전과 창의적 표현력에 갈채를 보내는 바입니다.

박 교수는 평소 외모로 대할 때에는 그렇게도 조용하고, 조신하고, 온화한 성품을 가진 분이라는 인상을 풍기는데, 일단 춤의 한마당을 펼칠 때에는 흥과 신이 뭉친 화신처럼 변모하는 그런 내면적 애정과 신화를 간직한 분임을 알 수 있습니다. 말하자면, 인간적 측면과 예술인적 측면이 양존하는 분이라는 느낌을 갖게 합니다.

박순자 교수의 이름으로 미루어 그분의 성품이 순하다는 것은 쉽게 짐작되나, 춤의 명수로서의 무희자 아니면 학처럼 우아하고 멋진 춤을 창출한다는 뜻에서 학자(學者)라고 이름짓는 것이 더 적절하지 않았을까 생각이 들기도 할만큼 박 교수는 무용을 위해 태어난 사람처럼 보이며, 그렇기 때문에 남다른 무용에 대한 재능과 소질, 그리고 애정을 가지고 있다고 믿습니다.

박 교수가 우리 인천 교육 대학에 부임한 이래 학생들의 무용 지도에 새 바람을 일으키고 정성을 쏟은 결과 무용과 학생들의 기능 수준이 눈에 띄게 향상되었고, 금년 우리 대학 축제인 '미추홀 큰 잔치'에서의 무용 발표는 일품이며 상당한 수준에 도달했다는 주위의 평가를 받았으며, 내년부터는 학내 행사로 끝내지 말고 대외적인 공개 발표를 할 수 있도록 밖의 장소에서 공연하도록 하는 것이 좋겠다는 지배적 의견이 있을 만큼 무용과 학생들의 실력이 눈부신 발전을 이룩하였습니다. 이런 발전을 가져오는데 박순자 교수의 지도 역량과 열의, 그리고 공헌이 절대적임은 두 말할 필요가 없습니다.

이렇게 잘 지도하고 열성껏 가르치는 박순자 교수이기에 그분의 개인 무용 발표회가 알참, 새로움, 그리고 호소력이 담긴 멋지고 훌륭한 향연이 될 것을 믿어 의심치 않으며, 갈채 속에 대성황을 이룰 것을 기원하며, 더욱더 정진하시어 대성할 것을 기원합니다.

● 인사말 : 지금 이 시간까지도 등불의 힘을 입어

박순자

1. 내 것이 최상의 것이라 할 수 없다. 내가 있는 곳에 내가 무엇인가 하고 있는 곳에 모여드는 그들이 나의 세계이며, 나의 세계를 확인하는 것인지 모른다. 저 산 넘어 또 다른 산이 이 꽃 옆에 저 꽃이 있듯 모든 것은 공존하리….

차츰 꺼져가고 있는 등불을 보며 난 무엇을 생각할 것인가. 담담히 꺼져버리는 그 마지막 순간까지 그 불빛은 비추고 있는데 더 오래 있으려 발버둥치지도 스스로 멈추려 성급하지도 말자.

오직 말없이 있을 뿐, 그 불빛이 가슴에서 마지막 재가 되어 바람에 불려 사라지려 할 때 난 강물과 같이, 대지와 같이 사지를 수평에 맞대고 평온히 잠들고 싶어라.

2. 어느 때는 딛고 서 있고 걸을 수 있으며 시원한 공기를 마실 수 있고 어제 만난 그들을 또 만날 수 있음이 또 한자리에 오늘 나의 가족을 만날 수 있음보다 더 큰 행복이 없음을 깨닫고 더 이상의 무엇을….

그러다가 어느 날 갑자기 내가 무엇이고 난 세월과 무엇을 이야기하며 살았으며 난 무엇을 해야 하고 인간은 무엇인지….

깊은 회의와 절망과 고통 속에서 번민할 때, 그때 하나님이 주신 내 생명과 작은 능력을 오직 하나님의 뜻대로 살도록 하고자 이것이 나의 모습 일진대. 그래서 오늘도 쉼없이 미치광이처럼 춤을 추고 있는데.

3. 난 내가 파란색으로만 자랐기에 파란색만이 옳은 줄 알았다.

교정을 들어선 어느 날 한데 어우러진 나무들을 보니 색깔, 잎새, 크기, 줄기까지 다양함에도 불구하고 그대로 서서 말없이 조화를 이루고 있음을 깨달았을 때 생의 진리가 그 속에 있음을 알게 되었다.

그래서 더욱 난 나의 날개를 펴고 싶어했고, 그 욕망 속에서 지금도 허우적거리고 있는지도. 미지의 세계에 대한 의욕은 나를 한층 더 괴롭히고 때론 흥미롭게 하였다. 세월의 사슬에 멍이 들어버린 내가 어떻게 서 있을 수 있을까? 어떻게 서 있다가 가면 나는 죽음 앞에 승복할 수 있을까?

남과 비교하기 보다 내 안에서 스스로 충실하는 것이 곧 길임을 깨달았을 때 난 해야 할 일이 많다고 생각했고 부족한 것이 많다는 것을 알게 되었다.

내가 이 자리에 있기까지는 스스로의 것이 아닌 남의 것으로, 내 힘보다는 남의 힘으로 빚어진 자신을 발견하게 되니 그 서른네 해의 장거리를 그래도 축복 받은 생으로 엮어져 왔음을 새삼 감사히 여기고 미흡하고 조그마한 나에게 항상 등불이 되어 주신 분들을 머리 속에 되뇌며 내 자신 얼마나 빚진 인간인가를, 그래서 열심히 살아야 한다는 생각을 버릴 수 없습니다.

4. 코흘리개를 귀엽게 보아주신 최임원 선생님.

소년기 때에 보아주시고, 젊은 나이에 세상을 하직하신 이종례 선생님, 무용가는 손이 고와야 한다며 물걸레질을 못하게 하시던 김남옥 선생님. 오직 대학인으로서 성실성을 일깨워주신 그리고 대학원을 마치기까지 끝없는 등불이 되어주시고 세상을 떠나신 정송자 교수님, 자그마한 능력을 큰 능력으로 키워주신 송 범 교수님, 예술인이 지녀야 할 완벽에 가까우리 만큼의 순수성 을 예술 속에서 일구어주신 주 리 선생님.

사회인으로서 첫 발을 내딛었던 서울 시립 무용단의 문일지 단장님은 잔뼈가 굵은 뼈가 될 때까지 사람의 생존 의미와 작업의 의미를 심어 주셨습니다.

자만하지 않고 늘 겸허하도록 일깨워 주신 송수남 교수님.

항상 안 보이는 곳에서도 바른 길을 가도록 쓰러지고 지친 다리를 바로 세워주신 김진걸 교수님.

첫 개인전을 갖기까지 적극 후원해 주신 오화진 선생님께 마음 깊이 감사의 뜻을 전합니다.

끝으로 격려를 아끼지 않으신 남억우 인천 교육 대학 학장님과 이운철 교수님을 비롯 체육과 교수님들께, 김용진 관장님을 비롯한 임직원 여러분들과 출연을 기꺼이 참여하여 이 자리를 빛낸 후배와 제자들, 스태프들에게 충심으로 이 공연의 영광을 드립니다.

제2회 박순자의 춤

1990년 8월 2일 동숭동 문예회관 대극장

● 인사말 : 감사한 마음으로

박순자

오늘 이 자리를 마련하여 주신 하나님께 먼저 영광을 올립니다. 늘 부족함이 많고 연약하며 쓰러지기 쉬운 저희들을 권면하시고, 위로하시고, 사랑으로 인도하여 주신 그 은혜로 오늘의 이 자리가 있음에 감사와 찬양을 드립니다.

제1회 춤판에 이어 마련된 2회 춤판은 개인적으로 뜻깊은 의미가 있는 자리라 하겠습니다. 삯꾼처럼, 육신의 그리스도인으로 살다가 진정 살아서 역사하시는 하나님, 저를 사랑하시며 우리 모두를 사랑하시는 하나님이 계심을 확신하게 되었기 때문입니다.

거듭 태어남으로 주님의 말씀을 묵상하는 가운데 「출애굽」이라는 작품을 구상하게 되었습니다. 이는 곧 나의 거듭 태어남을 뜻하는 것이며, 아직 하나님의 진리의 말씀을 모르고 방황하는 영혼들이 거듭 태어나기를 바라는 소망이 될 것입니다.

순간 순간 온갖 죄와 불신앙적인 마음으로 시험에 들 때마다 하나님은 권면하고 계십니다. 늘 권면해 주시는 은혜가 없었더라면 이 자리 또한 없었을 것입니다.

그간 저와 함께 주님의 길을 걸어온 순원과 저희 모임을 위해 밀알이 되어 사랑을 부어주신 이루 헤아릴 수 없는 많은 분들과 이 공연을 위해 아낌없는 수고를 하여 주신 문예회관 임직원 여러분들, 후원을 하여주신 숙명선교회, 숙명여대 총동창회, 숙명여대 무용과에 진심으로 감사드립니다.

우리 모두에게 늘 하나님의 크신 사랑이 함께 하기를 간구합니다.

● 격려사 : 은혜를 함께 나누는…

숙명선교회 회장, 반포교회 권사 김정자

"소고치며 춤추어 찬양하며 현악과 퉁소로 찬양할지어다"(시 150:4). 먹구름 위에서도 해는 빛나고, 찬 눈 속에서도 매화가 피어나듯 무더위 속에서도 한마음이 되고자 하는 장한 여인들의 꿈을 마음껏 펼쳐보고자 긴 여름날을 땀방울로 수놓았습니다.

선교적 정열이 넘치면 선교적인 사명감이 적은 경우를 보았는데 본 무용단의 춤이야말로 영혼을 새롭게 하는 정성어린 놀라운 춤을 낳았습니다.

항상 모여 하나님의 말씀을 사모하고 기도하며 선교와 사랑을 심은 이 춤의 모임은 하나님의 구원의 은혜에 대한 큰 감격으로 보답코자 제2회 춤판을 마련하게 되었습니다.

이 공연을 허락하신 하나님께 진심으로 감사드리며 오늘 이 춤을 통하여 상한 심령이 위로 받으며 피곤한 이들이 새 힘을 얻고 더러운 마음이 깨끗해지며 죄악에 깊이 물든 영혼들이 구원을 받아 하나님의 풍성하신 은혜를 함께 나누는 복된 자리가 되기를 바랍니다. 단원들을 계속 아껴주시고 성원해주시기를 부탁드리며 부디 신학과 설교가 다 설명하지 못하는 진리를 천사의 춤으로 웅변해주시기를 다시 한 번 기도합니다.

● 격려사 : 하나의 소금과 빛의 역할로

숙명여대 동창회장 원효경

'제2회 박순자의 춤'을 갖게 된 것을 진심으로 축하합니다. 춤의 세계는 어떤 의미에서 예술의 극치라고도 할 수 있을 것입니다. 음악에 맞춘 육체의 율동이 조화를 이룬 가운데 펼쳐지는 정신 세계의 표출이 곧 춤이라고 할 수 있겠기 때문입니다. 이런 뜻에서 창작 무용 발표회의 성격을 짙게 부각시키고 있는 '박순자의 춤'은 그의 정신 세계의 깊이를 엿보게 해 주리라고 믿어 의심치 않습니다.

더군다나 박순자의 춤의 세계는 그것이 단순한 정신 세계의 표출이 아니라 독실한 신앙 생활을 통해서 쌓여진 것이기 때문에 춤 그 자체가 신앙의 경지를 말해 주는 것이며, 춤을 통한 하나님의 메시지라고 해도 과언이 아닐 듯 싶습니다.

우리 나라에는 적지 않은 무용 단체들이 있지만 박순자 무용단은 신앙인들로만 구성되었다는 점에서 매우 특이한 존재라고 할 수 있으며, 각 대학에서 무용을 전공한 훌륭한 예술인들이 신앙의 힘으로 뭉쳐 새로운 경지의 춤 세계를 펼치고 있는 데 진심으로 경의를 표하는 바입니다.

이번에 두 번째로 맞는 '박순자의 춤'이 무용계의 새로운 평가를 받고, 앞으로도 계속해서 제3, 제4의 무용회로 알차게 발전되기를 기원해 마지않습니다.

이번 무용 발표회를 통해서 펼쳐진 여러분의 신앙 세계와 예술 세계의 결합이 우리 사회에 하나의 소금과 빛의 역할로 성화되기를 바라마지 않습니다.

제3회 박순자의 춤

1991년 8월 13, 14일

● 인사말

박순자

어느덧 1년이 지나 제3회 춤판을 갖게 되었습니다. 공연이라는 예술 행위 이전에 영육을 하나님께 드리는, 그 안에 거하고 싶은 마음으로 한여름 무더위 가운데에서 작품을 준비하였습니다.

「행복을 찾는 여자」라는 작품을 통해 미약하나마 현대를 사는 여인들이 진정한 삶의 근원과 목적을 서로 확인하기를 소망합니다. 또한 세상에 존재하는 유무형의 진리 가운데서 진정한 진리를 찾지 못해 헤매던, 그리고 헤매는 나 자신을 성경 요한복음서에 나타나는 사마리아 여인을 통해 투시해 본 순간이기도 하였습니다.

모쪼록 여러분에게도, 저희에게도 하나님 안에서 축복이며 예술의 측면에서는 감명이 있는 시간되기를 기대할 뿐입니다.

또한 스페인에서 일시 귀국하시어 특별 출연하여 주시는 주리 선생님과 호산나 선교 발레 단원들에게 깊은 감사를 드리며, 여러모로 후원하여 주신 이상숙 동창회장님, 조흥동 무용협회 이사장님, 숙명선교회, 숙명여대 무용과 외 여러분께도 아울러 감사드립니다.

끝으로, 본 공연이 있기까지 도움 주신 문예회관 임직원분들과 무용단원들께 하나님의 크신 축복이 함께 하시기를 기원합니다.

● 격려사 : 말씀을 무용으로 살고자

숙명 여자 대학교 총동창회 회장 이상숙

나는 때때로 혼신을 바쳐 기도하는 박순자 교우를 보았습니다. 불행히도 그의 무용은 본 일이 없지만 긴 날 믿음과 정성으로 다듬어진 나긋한 그의 몸매를 통해 표현될 그 작품이 어떠하리라는 것을 짐작할 수 있습니다. 더욱이 말씀을 무용으로 살고자 하는 애틋한 모습은 무용 이전에 깊은 감명을 줍니다. 기도하는 마음으로 「행복을 찾는 여자」를 기대합니다.

● 격려사

주리

88올림픽 초청 공연 이후 만 3년 만에 고국 무대에 서게 됨을 진심으로 기쁘게 생각합니다. 특히 이번 '박순자 무용 발표회' 특별 찬조 출연은 더구나 나에게는 뜻깊은 무대입니다.

박순자는 어린 시절 수년 간 나의 연구소에서 열심히 발레와 스페인 무용을 배우며 피나는 노력과 성실로, 집념이 강한 제자였습니다. 무용만을 위해 꾸준히 노력하며 걸어온 "제3회 박순자의 춤"에 진심으로 뜨거운 박수를 보냅니다.

어린 시절 박순자는 너무나도 무용에 대한 집념이 강했고 말없이 조용히 노력하는 정열의 소녀였는데 이제 성장하여 그동안 많은 발전과 많은 활동을 계속하고 있음을 먼 스페인에서 항상 기뻐하고 있었습니다.

그동안 한국무용으로 자기의 무용 세계를 이루어 좋은 작품을 창작하고 있었습니다. 더욱이 우리는 주님의 무한한 사랑 속의 같은 자녀로서 같은 무용의 길을 걸어갈 수 있는 행복감을 다시 한 번 깊게 감사드립니다.

이번 특별 출연은 진정 감개무량한 무대라고 생각합니다. 뜨거운 박수를 아낌없이 보내고 싶습니다.

● 격려사 : 가식 없는 진솔한 무대이기를!

사단법인 한국무용협회 이사장 조흥동

박순자의 춤을 접하면서 항상 느껴온 바는 무용에 대한 집착과 뚜렷한 자기만의 예술관을 추구하면서 끊임없는 연마 속에 오늘의 무대는 그 결실을 맞게 되었다고 본다.

이번 공연 역시 가식 없는 진솔한 작품이 나오리라 믿으며 사람이란 언제 어디서 무엇을 하든 근면과 성실로써 꼭 필요한 사람이 된다면 그 이상 바랄 것이 없다고 생각되며 나 역시 평소 말없이 일하는 사람을 가장 존경하며 살아가고 있기에 오늘 박순자의 춤을 대하면서 또 한 번 그를 생각하지 않을 수 없게 되었다.

더구나 한 가정의 아내로서 모범적인 가정을 꾸려가며, 한편으로는 대학에서 전문 인재를 길러내는 대학 교수로서 그 직분을 다하고 있음을 볼 때 우리 무용계의 미래를 보는 것 같아 매우 흐뭇하고 자랑스럽게 생각하는 바이다.

오늘의 이 공연이 성공적으로 끝나리라 확신하며 아낌없는 박수를 보내는 바이다.

한국 선교 무용단 창단 공연

1998년 9월 5일 숙명 여자 대학교 대강당

● 초대의 글

한국선교무용 단장 박순자

할렐루야! 주님의 이름으로 여러분을 초대합니다. 개인적으로나 국가적으로 또한 8월의 모진 자연적 재해 등으로 어려운 상황 속에서도 이 공연을 올릴 수 있게 해 주신 하나님께 감사를 드립니다.

이 모든 고난 가운데 우리 주님은 우리를 더욱 가까이 만나 주시기를 원하심을 깨닫게 되었습니다. 십자가의 그 사랑을 마음 판에 새기며, 제가 주님을 위해 할 수 있는 것은 조막손 때부터 추었던 춤이었습니다. 그리하여 89년도에 오직 하나님을 위한 춤을 추리라 서원하며 박순자 선교 무용단을 구성하였습니다. 주님의 은혜로 성경 공부와 더불어 후배들, 제자들과 하나님의 능력 속에서 하나님을 향하여 춤을 춘 지 올해로 10년째가 되었습니다.

참으로 하나님께서 부으신 은혜에 비하면 너무도 부끄러운 순종의 모습이었다고 생각됩니다. 그간 선교 무용단을 거쳐간 얼굴들을 그리며 과연 얼마나 그들에게 믿음과 사랑, 섬김으로 다가갔었는가? 돌이켜 볼 때 죄인된 마음을 금할 길이 없습니다. 그러함에도 하나님께서는 언제나 사랑으로 보호하시고 힘내라고 격려하십니다.

오로지 우리의 연약함을 주님께 의지하고 다시 순종하리라 마음을 다짐합니다. 오로지 예수 그리스도의 힘을 입어 더욱 기쁘고 감사하게 주님 나라를 위하여 새로이 결심하며 한국 선교 무용단으로 발족하게 되었습니다.

"무릇 너희 발바닥으로 밟는 곳을 내가 다 너희에게 주었노니" 하신 약속의 말씀을 붙들고 복음을 위해 더욱 깊게, 높게, 넓게, 마저 펴지 못했던 그 날갯짓을 펴 봅니다.

"항상 기뻐하라 쉬지 말고 기도하라 범사에 감사하라 이는 그리스도 예수 안에서 너희를 향하신 하나님의 뜻이니라" 이 말씀을 2년 간 주신, 하나님의 사랑과 은혜를 함께 나누고자 탄원, 회복, 주님의 영광을 주 테마로 창단 공연을 올립니다.

마침 때를 같이 하여 스페인 마드리드에서 본 공연에 출연해 주시기 위하여 와주신 주리, 호세리 선생님께 특별히 감사드립니다.

춤으로 드리는 이 기쁨의 산 제사에 함께 하시지 않으시겠습니까?

사랑의 주님께서 여러분을 지켜주시며 또한 여러분의 복의 근원이 되시길 기도 드립니다.

● 격려사

숙명선교회 회장 이상숙

몸으로 산 제사를 드린다는 뜻이 무엇인지를 생각나게 하는 춤을 추시는 박순자 교수님을 주축으로 한 한국 선교 무용단의 창단과 첫 공연을 진심으로 축하드리며, 큰 기대를 갖습니다.

보고 있노라면 정말로 마음과 뜻과 정성을 다하여 하나님을 사랑하고 싶어지는 춤이라고 말하지 않을 수 없습니다. 분명히 기교 이상의 그 무엇이 있음

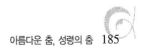

을 초보자라도 쉽게 느낄 수가 있습니다.

하지만 산 제사를 드린다는 것이 아무나 흉내낼 수 있는 수월한 일이 아닐뿐 아니라, 감히 그렇게 하겠노라고 입 밖에 내어 놓기도 두렵고 떨리는 일입니다. 부디 하나님의 은총과 기쁨심을 입어 승리하시기를 진심으로 바랍니다.

● 격려사 : 찬란한 한국 선교 무용단 창단을 축하하며

스페인 무용가 주리

금번 오랜 세월 주님을 찬양하며 무용을 통하여 하나님께 영광을 드린 박순자 선생의 끊임없는 신앙의 집념으로 이루어진 한국 선교 무용단을 창단케 됨을 진심으로 축하하며 이를 위하여 사랑과 소망을 주신 주님께 감사드립니다.

선교 무용의 어려운 길을 걸어온 박순자 선생과 한국 선교 무용단은 이번 창단을 계기로 이 시대의 문화에 기쁨과 꿈을 전해주며, 그리스도의 복음을 전하는 선교 무용단이 되시기를 우리 모두 두 손 모아 기도를 드립니다.

나의 사랑하는 제자 박순자 선생의 끊임없는 노력과 불타는 신앙의 열정으로 온 세계에 전하는 한국 선교 무용단이 되기를 스페인 하늘 밑에서 주님께 기도 드립니다.

제2회 한국 선교 무용단 정기 공연

1999년 12월 17일

● 초청의 글 : 늘 긍휼을 베푸시는 하나님 아버지께 감사하며…

한국선교예술원, 한국선교무용단 박순자

한국 선교 무용단 창단 후, 두 번째로 갖는 춤의 예배입니다. 좀더 깊고, 넓게, 크게 날기를 소망했던 저희가 국내외 선교 및 지방 선교를 통해 고백했던 것들을 이루게 하시고 하나님께 영광 올리게 하심을 감사드립니다. 99년도 전 단원들과 함께 순종하는 마음으로 지냈습니다. 한국 선교 100주년 이후 첫 무용 선교를 하게 된 캐나다의 할리팍스 초청 공연을 비롯, 10여년 선교의 길을 걸으며 멀리했던 민속 무용과 선교 무용의 접목, 선교 예술원 개원 이후 어린 양들과의 만남, 외국 공연 길에 국악 선교와의 접목 등은 올 한 해의 큰 기쁨이 었습니다. 이 기쁨은 저희 기쁨이 아니라 살아 계신 하나님 아버지의 기쁨이라고 확신합니다. 오늘에 이르기까지 격려하시고 사랑하여 주신 믿음의 선배님들, 그리고 가족들 저를 믿고 따라오며 우직하고 고집스럽다 할 모든 일을 말없이 충직하게 감당하여 온 전 예술원 회원과 단원들께 진심으로 감사드립니다. 부족하고 연약하나 오직 주님만을 의지하고 2000년을 맞이하고 싶습니다. 오늘의 춤 예배는 저희 예술원의 별과 같은 찬양팀이 엽니다. 1, 2부는 공식적인 자리에서 처음으로 선을 뵈는 무용 단원들의 민속무용과 올해의 하나님의 기쁨이 되시는 선교 예술원의 어린양들의 모습입니다. 또한 평생 교육원에서 저를 믿고 격려하여 주시는 어머님들의 순서가 마련되었습니다. 특별히 캐나다 해밀턴과 미국 뉴저지에서 동역하게 해주신 허정임 씨를 모셨습니다. 같은 길을 가게 해 주시고 주님께 영광을 올려 드리게 하여 주신 하나님께 다시 한 번 감사드리며 후원하여 주신 분들과 사랑하는 마음과 발전을 위하는 마음으로 격려사를 써 주신 분들께 진심으로 감사드립니다. 1999년을 닫는 이즈음, 온 누리에 주님의 은총이 함께 하기를 기원하며 살아 계신 하나님께 모든 영광 올려 드립니다.

● 격려사 : 회복의 축복을 선사하는 복된 사역이기를…

만리현 교회 담임목사 이형로

요즈음 우리는 세상에서 불거지고 있는 일부, 아니 어쩌면 모든 그리스도인들의 심볼이라고도 생각할 수 있는 교회와 그리스도인의 모습을 본의 아니게 접하면서 하나님의 이름을 부르는 것 자체가 부끄럽고 힘들게 느껴질 때가 종종 있습니다. 복음의 가치가 하락되고, 하나님을 향한 경외감이 무색해져 갈 뿐만 아니라 참된 그리스도인의 정체까지도 의심받아야 하는 이 세상에서 소금과 빛의 역할을 감당하겠다는 결심은 그 어떤 때보다도 무모한(?)용기가 필요한 때가 아닌가 싶습니다.

복음이 없어서가 아니라, 복음을 전할 참된 그리스도인이 없다는 것이 서글프기만 합니다. 그러나 한국 선교 무용단의 창단과 실행되어지는 그 사역을 지금 거리에서 지켜보면서 이제 새로운 복음의 역사를 기대하게 되었습니다.

생각 없이 울려 퍼지는 세속적 무성한 말이 아니라, 기도와 깊은 묵상을 통해 걸러진 예리한 영성의 울림이 광야와 같은 메마른 이 땅, 이 백성에게 전해지기를 기원합니다. 그 옛날 세례 요한처럼… 예술원 가족의 얼굴에 하나님의 마음이 그려지고, 작은 손끝 움직임과 발꿈치 한 동작, 그리고 몸으로 품어내는 하나님의 생생한 음성이기를 기원합니다. 그 옛날 세례 요한처럼… 보이는 이로 하여금, 듣는 이로 하여금 가슴을 고동치게 하고 영혼과 육체의 아픈 부위를 도려내어 온전히 회복의 축복을 선사하는 복된 사역이기를 기원합니다. 진심으로 한국 선교 무용단의 공연을 축하드립니다.

● 격려사 : 오늘을 기뻐하시고 축복하실 것을 믿으며…

우로장학회 이사장 이상숙

우리가 남을 존경하게 되는 것은 지식 때문도, 능력 때문도, 물론 나이나 경륜 때문도 아니다. 다만 그가 지니고 있는 인품의 값을 인정하게 될 때 자연스럽게 우러나오는 감정의 표현인 것이다. 그런 의미에서 박순자 교수는 정말 속에서 우러나오는 존경하는 후배다.

예수님께서 세상에 오셔서 다시 한 번 십자가를 지는 불상사가 만일에 다시 생겼다고 가정할 때, 죽기를 한 하고 마지막까지 남을 한 사람이 있다면 나는 틀림없이 그곳에서 박순자 교수를 보게될 것을 의심치 않는다.

내년부터는 꼭 만족한 작품 발표회를 보여주겠다며 그는 내게 격려사를 부탁했다. 나는 그 말을 믿는다. 그리고 이러한 그의 겸허함과, 성실함을 진심으로 사랑하고 존경한다. 하나님이 오늘을 기뻐하시고 축복하실 것을 믿으며, 훌륭한 교육자를 숙명여대에 주신 것을 감사한다.

● 격려사 : 선교의 사명으로 더욱 더 발전하시기를…

강남문화 원장 권용태

　한국선교무용단은 어려운 우리 문화 풍토 속에서 몸으로 찬양하는 우리의 자랑일 뿐만 아니라 하나님이 주신 귀한 축복으로 생각합니다. 그러기에 이 무용단에게 주어진 사명이 얼마나 큰 것인가를 새삼 느끼게 합니다. 예수 그리스도께서 승천하시기 전에 이 땅에 마지막으로 남긴 말씀이 바로 사도행전 1장 8절에 '오직 성령이 너희에게 임하시면 너희가 권능을 받고 예루살렘과 온 유대와 사마리아와 땅끝까지 이르러 내 증인이 되리라 하시니라' 하셨습니다. 우리는 무엇보다 그리스도의 증인된 사명을 이 무용 공연을 통해서 증거해야 합니다. 이 일을 위해서 생명을 바쳐서 일하는 것은 하나님이 우리에게 주신 사명인 것을 깨닫고 이 사명을 감당하기 위해 노력하는 일만큼 중요한 일은 없을 것입니다. 몸으로 찬양하는 한국 무용 선교단의 노력의 일환으로 이루어진 이 공연이 선교의 사명으로 더욱더 발전하시기를 진심으로 기원합니다. 박순자 교수를 비롯한 무용단 여러분들의 믿음에 대한 열정과 의지로 왕성하고 의욕적인 활동을 하고 있는데 대해서 박수를 보내며 성공적인 공연이 되기를 진심으로 기원합니다.

190

춤판 위의 거룩한 예배

잘 차려 놓은 밥상은 보기만 해도 군침이 돈다. 알싸하게 입 안에 고인 침만으로 행복하기까지 하다. 들을 이야기가 많은 사람에게서의 기대는 흡사 이렇지 않을까.

박순자 교수를 찾아가는 발걸음에 그런 기대가 묻어나오고 있다. 물론 처음부터 신상 명세서를 꿰뚫고 찾아가는 것은 아니다. 누군가의 말 한 마디, "그분으로 인해 흔들리지 않은 신앙을 알았다"라는 명치에 박히는 말 한 마디로 이런 수선을 떠는지도 모른다. 스스로에게서는 들을 이야기가 없다는 사전 통보를 받았음에도 불구하고−. 그렇지만 그의 무엇이 한 사람의 신앙을 꽉 잡을 수 있었던 것일까. 수줍은 미소, 창살을 강렬하게 때리는 겨울 바람은 그의 평화 앞에서는 맥을 못 추는 것 같다.

일단은 어수선한 수선을 가라앉혀야 했다. 지레 겁을 먹었다. 이야기를 끌어낼 수 있을까라는. 그래서 이야기를 끌어내기 위해서 시도한 날씨 이야기. 그러나 고민은 싹 가셨다. 찾아온 손님을 위해 녹차 한 잔으로 이야기는 시작되었으니까.

"신앙은 내면의 어려움을 해결 받기 위해 붙잡은 것이지요. 누구 손에 이끌려서가 아니라 혼자 교회를 찾았습니다. 무의식 중에 발걸음만 교회로 매번 향했지요." 자신의 무용 세계보다 하나님 얘기를 먼저 시작했다. 신앙을 제외한 나머지는 이야기 거리도 아니라는 듯.

춤판에 공존하는 하나님

표현하는 몸짓에는 하나님이 항상 공존한다. "하나님이 없는 몸짓이라는 것은 공허하다는 사실을 왜 진작 알지 못했던가요."

서울 시립 무용단 수석 단원으로, 인천교대 교수로, 숙명여대 무용과 교수로의 화려한 전적에 하나의 오점이 남아 있다고 한다. 그리스도의 영접이 늦은 것, 세상의 유명세를 좇고 자신의 권위를 위해 무대를 채웠던 무수한 날들이 그리 자랑스럽지 않다. 지금 와서 돌이켜 지난 일을 들쑤시는 것은 어쩐지 조심스럽다. 87년 9월, 숙명여대로 자리를 옮긴 지 1년 반 되던 해. 그이는 불미스러운 일을 하나 겪어야 했다. 학교로 봐서도 불미스러운 일, 구체적으로의 언급은 피하고 싶다. 이미 지난 일이니까.

그이는 교수 연구실에 틀어박혀 있었다. 2주 동안 그렇게 성서에만 매달렸다. 그도 모르게 '아멘, 아멘'을 연발했다. "하나님 저 좀 살려주세요." 뜬금없이 튀어나온 절규, 이미 영혼은 조그마한 떨림을 받아들였다. 하나님의 역사가 시작된 것이다.

"10개월 동안 휴직을 했습니다. 휴직하는 동안 교회의 모든 예배에 참여했지요. 영적인 갈급함에 말씀을 붙잡았습니다." 그리고 일생일대의 큰 전환점이 일어났다. '나머지 인생은 하나님을 위해서' 라는 불변의 법칙이 세워지는 순간이었다.

10개월 동안 춤을 출 수 없었다. 무용을 하는 사람에게 있어 그만한 고통은 형벌이나 마찬가지이다. 그런데 숨통이 트이는 순간이 찾아왔다. '88올림픽이 한창인 1988년 8월, 웨스턴 미시간 대학 교환 교수로의 전격 발탁은 또 다른 기회이기도 했으니까. 그렇게 추고 싶었던 춤. 미국에서 6, 7회 공연을 강행했다. 한국을 알릴 수 있을 거라는 생각은 적중했고 매회 공연마다 관객은 그득했다. 지겹도록 춤판을 벌였다.

다시 복직, 이미 그에게는 든든한 배경이 함께 하고 있는 터, 세상 무용과 한 차원 다른 선교 무용을 들고 귀국을 했다. '박순자 무용단' 의 창단, 믿음의 후배와 제자들은 어떻게들 알고 찾아왔다. 이들의 모임은 참 열심이다. 매주일 기도 모임과 년 10회의 정기 공연, 강렬한 메시지가 전해지는 공연이다.

선교 무용을 들고 귀국

"세상과 타협하지 않는 범위에서 저희 무용 단원들은 그 범위를 넓혀 나갈 것입니다. 사회적 뒷받침이 미약하다고 주저앉는 일은 없을 것입니다. 믿음의 귀한 지체들이 많이 동참하기를 바랍니다."

어떤 일이든, 무엇에라도 최선을 다했다. 최선을 다하고 뒤돌아보니 교수가 되어 있었다. 한국무용, 발레, 외국의 민속 무용까지 두루 견문을 넓혔다.

그이는 외국을 자주 간다. 물론 남편의 외국 근무 발령 때문이다. 가정과 함께 해야 한다는 생각은 불변, 항상 동행한다. 긴 시간의 휴직을 학교에서 다시 받아 주었다. 멕시코에서 2년 동안 민속 무용을 공부했고 다시 미국으로 가서 현대무용 과정을 이수했다. 노력하는 교수, 춤판 위에서 걸어보는 생(生)의 결말.

무대 위에 올려지는 춤은 간증이다. 앞으로 대상을 정해서 멋진 춤판을 벌여 볼 계획이다. 초신자를 위해서, 체험이 없는 신앙인을 위해서, 청소년을 위해서 구상을 하고 있다. "기도하는 속에 마구 열망이 생깁니다. 전도를 위한 공연을 하고 그런 생활의 연속이라면 부러울 것이 없습니다."

믿음 안에서 분별되는 자, 그이는 그런 무용단을 이끌려고 한다. 그리고 무용 선교센터라는 조금은 큰 비전을 제시한다. 바람. '잘 믿었던 가정이 잘 되더라'는 본을 보이고 싶단다. 가장 평범한 진리를 깨우치고 싶다는 것.

아쉽지만 발길을 돌렸다. 알싸하게 입안에 고인 행복함을 배로 담아 간직한 채. ■

지금까지 예수님을 영접한 후 나의 삶과 무용을 통한 선교에 대하여 이야기하였습니다. 다음의 논문은 CDFK에서 2000년 10월 28일 발표한 소논문입니다.

CDFK(Christian Dance Fellowship Korea)는 ICDF(International Christian Dance Fellowship)의 한국 지부로서, 움직임과 무용을 통해 하나님께 영광을 돌리고, 그리스도의 몸 안에서 무용인들의 연합을 도모하며, 무용을 통한 예배, 축제, 교육, 선교, 치유, 오락 등의 다양한 방법으로 세상 가운데 열매 맺는 사역을 위한 공동체로 1999년에 창립되었습니다.

그러므로 이 소논문은 '무용 교육을 통한 선교의 필요성'을 좀더 구체적으로 접근하는 데 여러분에게 도움이 되리라 생각되어 별도로 추가하였습니다.

많은 도움이 되기를 간절히 기도합니다.

무용 교육에 있어서 선교의 필요성

The Necessity of Mission by Dance Education

박순재(숙명 여자 대학교 무용학과)

Park Soon Ja(Sookmyung women's university Department of Dance)

Abstract Recognize the necessity of mission by dance education, carried out the analysis of the Biblical dance, status of the present dance education and the analysis of the spirit through this study.

The dance that human body was regarded as the essence and the ultimate aim for performance is very difficult action. So I speculated on the endurance and the sincerity of the dance education. That is the why there are so many problems in dance education which our unbelief of the Godness who create the our body and soul brought about.

It is impossible to exhibit the sincerity of human and our society and their effect because of the education inclining toward external appearance, material, entrance examination.

The students who act the expression art and study the dance are to be troublesome about the present situation. So the preaching religion is to be specially important to them. To express the desirable dance, the change of the education environment is very important.

Therefore, if anyone is in Christ, he is a new creation ;
old things have passed away ; behold, all things have become new.
- 2 CORINTHIANS 5:17

I. 서론

예수님을 나의 구주로 영접한 것은 1987년이다. 그전까지는 하나님의 존재, 성령님의 존재를 모르는 가운데 내 중심의 춤, 무의식적인 춤, 신나는 춤, 좋아하는 춤으로 대학 교수의 위치에 이르렀다.

예수님을 만나기 전의 생활은 세상을 향한 무분별한 정열적, 정욕적인 춤으로 다가갔으며, 만나는 동료들과의 인간적인 갈등은 아픔을 자아냈다.

율법과 독선, 교만과 정죄의 마음은 날로 보이지 않는 가운데 마음속 깊이에서 나의 영혼을 부패하게 하였다.

환난을 통하여 '사랑'의 실체이신 하나님, 독생자 예수님을 만났고 그때 비로소 나의 죄, 내 영혼의 참 모습, 내 삶의 문제, 세상의 미혹한 영 등을 알게 되었고 깊고 진실한 회개의 과정을 통하여 새 삶을 얻게 되었다.

예배와 성경 공부를 통해 나의 사명을 하나님께로부터 새롭게 부여받고 무용 교육계에서 생활한 지 올해로 12년이 된다. 그간 세상 풍조에 밀리고 나와 같이 청년의 때를 어렵게 살고 있는 사랑하는 후배들을 향해 "너는 말씀을 전파하라 때를 얻든지 못 얻든지 항상 힘쓰라 범사에 오래 참음과 가르침으로 경책하며 경계하며 권하라"(딤후 4:2) 하는 말씀에 순종하며 무용계의 영혼을 사랑하시는 하나님의 큰 사랑을 전하여 왔다.

하나님으로 인해 변화 받은 나와 나의 삶처럼, 그들에게 구원의 기쁨과 변화된 삶을 영위하게 하기 위해서이다. 이 글을 통하여 더욱 하나님 나라가 확장되기를 바란다.

1. 연구의 필요성 및 목적

인생에 있어서 가장 중요하고 필수적으로 인식해야 하는 것은 인간이며, 신체이고 행위이다. 인간은 신체로 말미암아 그 존재를 나타내고 있다. 특히 무용이나 성악은 신체 및 그 기능을 통하여 표현하는 행위이다.

그러한 신체 곧 몸은 누가, 어떻게 만들었는지 그 신체는 무엇을 담고 있는지 알아야 하는데 우리는 일상적으로 모체로부터 태어났고, 생리적으로 성장하며 아름다운 신체를 자연스럽게 무의식 가운데 산다는 극히 무감각한 상태로의 의식을 갖고 있는 것이다.

무용은 이러한 무의식, 무감각에서, 습관적인 생각에서 돌이키고 실체를 근본적으로 알아야 할 것이다.

성경에는 "하나님이 자기 형상 곧 하나님의 형상대로 사람을 창조하시되 남자와 여자를 창조하시고 하나님이 그들에게 복을 주시며 그들에게 이르시되 생육하고 번성하여 땅에 충만하라 땅을 정복하라 바다의 고기와 공중의 새와 땅에 움직이는 모든 생물을 다스리라 하시니라"(창 1:27-28) 하셨다.

사람은 하나님께서 흙으로 빚으시되 코에 생기를 불어 넣으셔서 생령을 허락하셨고, 자기 형상대로 빚으셨다고 하였다.

그러면 하나님은 어떠한 분이신가?

"하나님이 세상을 이처럼 사랑하사 독생자를 주셨으니 이는 저를 믿는 자마다 멸망치 않고 영생을 얻게 하려 하심이니라"(요 3:16)고 하셨으며 "하나님은 영이시니 예배하는 자가 신령과 진정으로 예배할지니라"(요 4:24)고 하셨다.

또 "태초에 말씀이 계시니라 이 말씀이 하나님과 함께 계셨으니 이 말씀은 곧 하나님이시니라 그가 태초에 하나님과 함께 계셨고 만물이 그로 말미암아 지은바 되었으니 지은 것이 하나도 그가 없이는 된 것이 없느니라 그 안에 생명이 있었으니 이 생명은 사람들의 빛이라"(요 1:1-4)고 하신 것으로 볼 때, 하나님은 너무도 우리를 사랑하사 영혼 구원을 위하여 예수님을 믿는 은혜를 주신 분이며, 영이시며, 말씀이시고, 만물을 지으신 분으로서 우리에게 참 생명으로 빛을 허락하신 분인 것을 알 수 있다.

이러한 하나님의 은혜와 사랑으로 받은 몸을 통하여 표현하는 무용인들이 선교의 대상이 되어야 하는 것은 당연한 일이 아닐 수 없다.

나아가 플라톤은 "무용은 육체의 율동과 영혼의 매개체이다"라고 했으며 W. Wagman은 "무용이란 인간의 심신 운동을 통하여 영혼을 표현하는 예술"이라고 하여 신체와 영혼과의 불가분의 관계를 나타내었는데, "그러므로, 형제들아 내가 하나님의 모든 자비하심으로 너희를 권하노니 너희 몸을 하나님이 기뻐하시는 거룩한 산 제사로 드리라 이는 너희의 드릴 영적 예배니라"(롬 12:1)는 말씀으로 미루어볼 때, 신체를 통한 무용은 영적인 움직임이요, 영혼의 움직임이어야 한다는 것을 명백히 알 수 있다.

본 연구는 이상의 사실로 미루어 보아

1. 무용인들에게 하나님을 알게 하고 영생의 확신을 주시고자 하는 하나님의 뜻을 전해야 하며,

2. 무용인들의 모든 행위가 하나님의 영과 말씀을 토대로 거룩한 산 제사를 드리는 예배와 같이 이루어져야 되는 것을 실현시키고자 하는 데에 목적을 두고자 한다.

2. 연구 방법 및 내용

본 연구는 성서를 바탕으로 문헌 및 논문 등의 자료 분석과 연구자의 무용계 체험을 토대로 연구하고자 한다. 나아가 연구 내용은 성서적 의미로써의 무용의 접근과 대학 무용 교육의 현실과 그 환경을 중점적으로 다루되 대학생 및

대학 교육의 신뢰성 있는 문제점 지적 및 선교적 활성화 대상 분석을 위해 중고등생들의 무용 교육의 내용을 아울러 다루고자 한다.

II. 이론적 배경

1. 성서적 무용의 양상

성서의 많은 구절은 "우리의 몸을 통하여 여호와를 찬양하라"[1]고 명령하고 있다. 구약의 시편에는 특별히 찬양, 송축, 경배의 모습이 다음과 같이 나타나고 있다. 28:7; 29:2; 30:11; 33:1-2; 96:1-2; 98:4-7; 100:4; 101:1; 106:47-48; 107:8, 21, 22, 31(동일한 시); 117:1; 134:2; 135:1, 3; 146:1-2; 147:1, 7, 12; 148:11-13; 149:1-3, 5; 150:1-6 등이다. 그 내용은 거의 유사하며 호흡이 있는 자마다, 구원을 얻은 자마다, 남녀노소 관계없이 기쁨, 감사, 경배, 기도, 연주, 찬양, 춤으로 하나님께 송축하고 찬양하도록 되어 있다.

또한 신약에서는 "그런즉 너희가 먹든지 마시든지 무엇을 하든지 다 하나님의 영광을 위하여 하라"(고전 10:31)고 했으며 "우리가 살아도 주를 위하여 살고 죽어도 주를 위하여 죽나니 그러므로 사나 죽으나 우리가 주의 것이로라"(롬 14:8)고 했듯이 살아 계신 하나님의 자녀된 우리들의 행위는 오직 주님만을 위한 것임을 알 수 있다.

"모든 일을 그 마음의 원대로 역사하시는 자의 뜻을 따라 우리가 예정을 입어 그 안에서 기업이 되었으니 이는 그리스도 안에서 전부터 바라던 우리로 그의 영광의 찬송이 되게 하려 하심이라 … 이는 우리의 기업에 보증이 되사 그

얻으신 것을 구속하시고 그의 영광을 찬미하게 하려 하심이라"(엡 1:11-14). 결국 우리의 모든 행위는 하나님께 영광을 올려드려야 되고 우리의 삶은 곧 하나님의 기업이 되어야 하는 것을 알 수 있다.

이상과 같이 성서를 통하여 볼 때, 우리 인간의 행위는 오직 살아 계신 하나님과 그 외아들 독생자 예수 그리스도를 찬미케 하려 하신 것을 알 수 있다.

이러한 진리의 말씀을 따라 성서에 나타난 무용의 유형과 내용을 박황숙의 논문을 통해 요약해 보면 다음과 같다.

구약 시대의 춤

① 행진의 춤

- 사무엘상 6장 13-16절 : 예루살렘 안으로 들어가는 법궤 앞에서 춤추는 이스라엘 사람들과 다윗의 춤.
- 역대상 15장 27-29절 : 다윗의 춤이 가볍게 뛰는 것임을 나타냄.

② 승리의 춤

- 출애굽기 15장 20-21절 : 이집트로부터 이스라엘 사람들의 해방을 이야기하며 홍해를 가르신 구원의 하나님을 미리암 및 일단의 여인들이 소고 들고 추는 춤.
- 사무엘상 18장 6절 : 많은 수의 유대 여인들이 다윗과 사울의 승리로 말미암아 노래와 소고로 춤을 추며 승리의 귀향을 맞이함.
- 사사기 11장 34절 : 입다가 전쟁에서 승리하고 미스바에 돌아왔을 때 그의 딸이 소고를 잡고 영접한 일.

③ 신성한 것을 둘러싸는 춤

• 민수기 21장 17-18절 : 우물을 발견하고 부른 노래가 있었는데 춤이 있었을 것으로 추측함.

• 출애굽기 32장 5-19절 : 특별히 6절 말씀에 이스라엘 사람들이 내일은 여호와께 축하드리기 위한 축일이라고 공포한 아론의 말을 좇아 그날 아침 일찍 일어나 정해진 시간에 번제와 화목제를 옮기고 나서 바친 제물을 놓고 먹고 마시며 노래하고 춤을 춘 것.

• 여호수아 6장 : 여리고 성 함락 시 이스라엘 사람들이 성을 둘러싸고 행진하는 모습은 종교적 행위였음.

④ 위안의 수단으로서의 춤

• 시편 30장 11절 "주께서 나의 슬픔을 변하여 춤이 되게 하시며 나의 베옷을 벗기고 기쁨으로 띠 띠우셨나이다." 다윗이 음부에서 건져 주심에 대한 하나님께 감사함을 표현.

• 전도서 3장 4절 "슬퍼할 때가 있고 춤출 때가 있다"라고 한 것으로 보아 춤이 고통스런 생활의 해소책이었을 것으로 추측함.

⑤ 절기의 춤

• 사사기 21장 20-21절 "베냐민 자손에게 명하여 가로되 가서 포도원에 숨어 보다가 실로의 여자들이 무도하러 나오거든" 실로의 매년 여호와를 송축하는 절기에 종교적인 춤이 포함되어 있었던 것으로 봄, 여호와를 찬양하고 기운찬 축제임.

신약 시대의 춤

① 서민 생활의 춤
- 마태복음 11장 16-17절 : 아이들이 늘상 하는 놀이나 여가 행위를 나타냄.

② 상류 생활에서의 춤
- 마태복음 14장 6-8절 : 헤롯의 생일에 헤로디아의 딸이 춤추는 장면(생일 축하제).

③ 천국 비유에 나타난 춤
- 누가복음 15장 25-31절 : 탕아였던 아들이 돌아왔을 때 방탕한 아들을 용서하고 돌아온 것을 축하하는 춤.

④ 결혼의 춤
- 마태복음 9장 15절 : 22장 2-9절; 25장 1, 10절
- 마가복음 2장 19절
- 누가복음 5장 34절 : 12장 36절; 14장 8절
- 요한복음 2장 1-11절 : 유대인의 혼인 잔치에서 신부가 신랑집에 가는 중에 목적지까지 기쁨으로 북, 악기 등의, 남자들의 연주와 그에 따른 흥겨운 춤.
  결혼 잔치는 여러 날 계속되고 또는 여러 주일 계속되며 그 잔치에는 노래와 춤이 따름.

⑤ 초대 교회의 춤

3세기에 알렉산드리아의 클레멘트의 "이방인에게 보내는 교서"에 춤이 언급되고 있다. 4세기에 '현안'(Quaesition)이라는 부제가 붙은 문서에 예배에는 춤과 반주가 따라야 한다고 기술하고 있다.

기원 후 160년경에 내려오는 찬송가 "Act of John"이 외경에 남아 있는데 예수님이 제자들과 작별하면서 성찬식 때에 빵과 포도주를 나누며 제자들과 함께 손을 잡고 둥글게 돌아가는 모습을 표현하였다고 함."[2]

이상의 분류를 분석하여 보면, 구약 시대에는 신분이나 성별에 제약이 없었고, 집단 무용이었음을 알 수 있으며 공동체 의식으로써 마을이나 국가를 위한 목적이 강하였음을 알 수 있다. 기념, 기쁨, 위안, 승리, 축하 등의 목적으로서 실용화, 생활화되어 있는 것을 알 수 있다.

또 신약 시대에는 다소 신분, 성별, 연령의 차이가 있었음을 알 수 있었다. 역시 구약 시대와 같이 생활적인 무용, 실용적인 무용으로서의 목적과 내용을 다루고 있으나 역사적인 시간의 흐름으로 인하여 삶의 형태가 바뀌면서 다소 고급화되어 있는 부분을 엿볼 수 있었다. 특히, 초대 교회의 춤에서 예수님과 제자들 간의 격이 없는 원형의 윤무 형식은 공동체 의식의 가장 아름다운 춤의 형태였을 것으로 보인다. 이스라엘 성지 순례 중 교회에서 직접 본 것인데, 강대상 주변을 방문한 성도들이 손을 잡고 돌면서 찬송을 하던 것을 기억한다. 큰 움직임이 있었던 것은 아니었으나, 몸과 마음을 합치고 사랑으로 하나를 이루었던 아름다운 모습으로 남아 있다.

Curt Sachs는 "무용은 헌신(Sacncificial nite)이요, 주문이요, 기도요, 예언이 된다. 춤은 자연의 힘을 불러 일으키기도 하며 아픈 사람을 치료하기도 하고 죽은 사람을 그의 후손과 연결하기도 한다. 춤은 먹을 것과 사냥에서의 행운과 싸움에서의 승리를 보장해 준다. 춤은 들판과 거기 살고 있는 부족에게 축복을 내려준다. 춤은 창조자이며, 수호자이다"[3]라고 했는데 다소 정령적인 표현이 있으나 춤이 삶 속에서 얼마나 소중하고 능력이 있으며 절대적인 것인지를 잘 나타낸 말이라고 보여진다. 성서 상 나타난 춤의 양상 또한 대상은 항상 하나님이시고 이웃이었다. 삶이 바로 예배이며, 기도요, 기쁨이고 가장 큰 목적이었음을 잘 나타내주고 있다.

2. 현 무용 교육의 양상

1963년을 기점으로 이화 여자 대학교에 무용과가 처음 신설되었다. 이후로 약 40년간을 전국적으로 각 대학에서 무용 교육을 실시하여 왔다.

각 대학, 지방별 콩쿠르와 70년대 이후로 급격히 늘어난 창작 활동 및 공연 활동이 각 대학의 무용 교육을 강화시켜 나갔다. 8, 90년대 이르러, 공연할 장소가 없다고 할 정도로 공연 횟수가 많아지고 더불어 각 대학은 공연을 위한 대학이라고 해도 무방할 정도로 공연 참가 및 창작 활동이 왕성하여졌다. 그 대표적 성향이 각 대학 동우회 모임이요, 각 교수님들의 제자들과의 공연이다. 나아가 대학 입시에 열풍을 가하기 시작하였다.

무용 전문 고등학교도 점차 늘어나기 시작했으며, 학원 문화가 대학 문화와 손을 잡기 시작하고 시, 도별 무용단 및 무용제가 곳곳에 정착하였다. 짧은 시간 동안에 무용은 시각적으로 크게 발전하였다고 본다.

그러나 서론에서 밝혔듯이, 하나님의 존재에 대한 인식과 진리 말씀의 부재 현상, 하나님이 주신 신체와 기능, 표현, 은사라는 것을 인식하지 못한 채, 인본주의적, 학문적 풍토가 형성되었다고 보아야 할 것이다.

무용 교육 및 대학 무용의 정체성이 모호해지기 시작했다고 해도 과언은 아닐 것이다. 무용과 대학의 목표를 보면, "이화 여자 대학은 무용 예술에서의 학문적 기여, 무용을 통한 학생들의 창의력과 표현력을 함양하며 진선미의 교육 목표를 바탕으로 국제화 시대에 부응할 수 있는 유능한 교육자, 예술가, 이론가를 양성하여 무용 각 분야에서 고급 인력으로 활동할 수 있도록 한다고 했다.

세종대 무용과는 무용 예술의 전문가로 육성하는 데 그 궁극적인 목적을 가지고 있으며 이러한 교육 목적을 위해 완벽한 교과 과정과 시설을 갖추고 학생들의 자질 향상과 이론 및 실기 교육에 중점을 두어 예술적 지도 능력 함양과 품격 높은 전문 무용 예술인의 육성을 목적으로 두고 있다. 또 한양대 무용과는 오늘날 사회에서 요구되고 있는 인격 함양에도 게을리 하지 않으며, 특히 학생들의 창의력 개발에 중점을 두고 개개인의 특성 있는 성장을 촉구하기 위해 무용학에 관한 학과목을 고루 형성하여 무용 교육자, 무용 예술가, 무용 이론가, 무용 평론가로서의 역할을 담당케 한다"[4]고 교육 목표를 밝히고 있다.

3개 대학의 교육 목표는 크게 세 가지의 공통성을 갖고 있는데 1) 전인적 교육, 2) 창의력 교육, 3) 다방면의 무용 인재 양성으로 꼽을 수 있다.

그런데 실질적으로 김이경의 무용 교육의 질적 향상을 위한 교육 과정 개선 방안에 관한 연구의 결과에 의하면

"1. 5개 대학 학생들 83.7%가 현행 교육 과정의 개선을 원하고,

2. 무대 공연 작업 및 관련된 교과목의 개설 및 보강을 47.3% 원하며,

3. 실기 과목 중 창작 과목의 실제적 수업을 원하며 반드시 보강이 필요한 과목으로 53.6%로 나타내고 있으며,

4. 타대학 및 전문적인 사회 단체와의 상호 교류 수업을 원하는 것이 81.2%로 나타난 것"[5]으로 보아 잘 만들어진 교육 목적과 실제가 현저한 차이를 나타내고 있어서 학생들의 만족도가 높지 않은 것을 알 수 있었다.

최경희는 "무용의 교육적 목적은 신체 단련, 기능 학습과 같은 체육적인 요소뿐만 아니라 정서 순화, 표현, 창조성 육성이라는 예술적 영역을 공유한다. 목적과 필요에 맞는 단계별 무용 교육 과정의 개발을 위해 학습자들이 다양한 배경과 개성을 이해할 수 있는 교육 환경을 제공하고 무용 교육에 필요한 이론과 실기를 겸비하여 전문적인 무용 교육자를 양성하는 데 있다"[6]고 보았다. 나아가 "예술, 교육, 이론 영역을 전반적으로 강조하고 동시에 다방면의 전문 인력을 배출하려 하기 때문에 특성화된 교육 과정 수립을 이루지 못하고 있다. 무엇보다도 현재의 복잡한 삶의 양태와 행동 양식은 교육의 다원성과 차별성을 요구하고 있다. 무용 학문의 균형적인 발전과 무용 전공 영역의 확대라는 측면에서, 전문 무용가, 무용 교육자, 무용 이론가와 같이 학제를 특성화하는 것이 필요하다"[7]고 하므로써, 논문 결과에서 공연 중심의 교육 과정, 교사 양성 중심의 교육 과정, 이론 중심의 교육 과정을 각각 교육 목표, 내용, 운영면을 달리하면서 새로운 교육 과정으로 무용 교육의 특성화를 이루어야 한다고 하였다.

목적과 필요에 따른 개별적 고려에 의한 창의적이고, 전문적인 무용 교육자를 양성하며 그 목적을 이루려 하기 보다는 다원화, 차별화의 작업을 통하여서 무용이 갖고 있는 특성을 살려야 한다는 것이다.

이상으로 무용 교육 목적과 학생들의 실태, 그리고 무용 교육의 특성화 작업에 따른 문제 분석을 통하여 무용 교육의 양상을 살펴보았다.

다음은 체험적 무용 교육의 양상을 크게 대학 입시 전후와 대학 진학 중으로 나누어 살펴보겠다.

1. 대학 입시 전후 양상

입시 동기의 정체성 결여, 입시 준비의 단기성, 입시의 과다한 경쟁, 입시 준비를 위한 비논리적 연습, 입시 준비를 위한 다이어트, 입시와 콩쿠르 간의 복잡한 이해 관계, 입시 준비를 위한 지도자 자질 문제, 입시 준비와 학원 문화, 입시의 부정(뇌물, 인맥, 변칙적인 입시 준비), 입시 준비를 위한 과다한 재정 소모, 중앙 진출 선호에 따른 지방생들의 유학과 그에 따른 정서적 불안정 및 탈선, 입시 전형 방법 및 기준의 모호성 등이다.

2. 대학 진학 중의 양상

비정상적인 입시 준비로 인한 불신감, 예고 출신과 일반 출신고와의 갈등, 지방생들의 불안정, 학원 내의 선후배 간의 비인격적 관계, 친구 관계, 고려치 않은 적성과 교육 효과의 관계, 무용 예술 및 무용 교육에 대한 고등학교와 대학 간의 갈등, 무용과의 잦은 공연 및 해외 연수, 다수의 학생과 소수 지도 교수와의 지도의 미흡함, 무용과의 실기와 이론 간의 의식 구조의 갈등, 어긋난 축제 문화, 무용과 생들의 아르바이트 및 취업, 대학생들의 음주 · 흡연 문화, 무용과생들 식습관 및 일과의 불균형, OT와 MT의 비정체성, 교수들의 실기 중심의 사고, 입시 전형 공동 관리 위원회의 구속, 불분명한 예술의 정체성, 외모 중심의 사고, 교수님들의 인정과 자신감, 장래 진로에 대한 불안정, 쉼의 부족, 전공별 차등.

이상의 내용은 그간 본교 및 무용계에 종사하면서 체험된 교육 현장의 현상이다. 통계적 자료에 의한 것이 아니라 편견적인 것이 다소 있겠으나, 대체적으로 긴 시간 주목되고 관심을 가져왔던 부분들이며 무용 발전에 중요하게 생각되어져야 할 것이라고 본다.

실제로 무용이라는 학문은 그 환경에 갈등과 복선이 깔려있다. 교수와 교수 간에, 실기와 이론 간에, 학생과 교수 간에, 선후배 간에, 전공별 간에, 학교와 학생 간에, 친구 간에 등으로….

이러한 구체적이고 실제적인 교육 환경은 교육 이전에 해결되어야 할 선교적 대상이라고 본다. "주의 성령이 내게 임하셨으니 이는 가난한 자에게 복음을 전하게 하시려고 내게 기름을 부으시고 나를 보내사 포로된 자에게 자유를, 눈먼 자에게 다시 보게 함을 전파하며 눌린자를 자유케 하고 주의 은혜의 해를 전파하게 하려 하심이라"(눅 4:18-19)는 말씀과 "집을 짓되 깊이 파고 주초를 반석 위에 놓은 사람과 같으니 큰물이 나서 탁류가 그 집에 부딪히되 잘 지은 연고로 능히 요동케 못하였거니와"(눅 6:48)라는 말씀으로 하나님께서는 심판하러 오신 것이 아니라 죄인들을 부르러 오셨다는 것을 알 수 있다. 또 어두움에 매여 있는 자들에게 빛과 소망을 주시려고 육체의 모습, 즉 그리스도로 오신 것이다. 또한 우리로 하여금 서둘러 인생을 살다가 실망하지 않게 하시려고 주님을 반석으로 세우고 그 위에 인생을 쌓도록 하신 것이다.

무용 교육도 마찬가지다. 양적인 확장, 세상적 풍조에 밀려 흔들거리는 집과 같이 제 소견에 옳은 대로 행할 것이 아니다. 주님의 진리의 말씀을 붙들고 다져나가야 할 것이다.

서론에서 창세기 1장 27-28절 내용과 같이 이 땅을 다스리고 지배하고 정복할 수 있는 주님만을 붙들고, 세례 요한이 광야에서 외친 것처럼 "…나는 선지자 이사야의 말과 같이 주의 길을 곧게 하라고 광야에서 외치는 자의 소리로라 하니라"(요1:23) 한 것처럼 무용 교육의 현장과 내용과 그 주인공인 후배들을 향하여 우리는 예수 그리스도의 복음 그 진리를 뿌려야 한다. 신지혜는 무용 전공자들의 적성 및 직업 선호도 분석이라는 논문에서 "무용과 여대생들 중 전공과 일치하는 능력 적성 유형을 나타낸 경우는 3%에 불과하다"[8]고 분석되었다.

이러한 사실은 무용 전공 여대생들의 잠재적 능력 적성과 실제적 전공이 불일치함을 시사한다. 이 결과는 무용을 전공함에 있어 환경적으로나 개인적 조건으로 보았을때 좋은 상황이 아닌것을 알 수 있다. 따라서 무용의 예술적, 창작적 특징을 발달시키는 데에 바람직하지 못한 일인 것이다.

입시 무용에서는 기본기 위주의 기능 연습과 타인의 창작에 의한 작품 연습을 많이 습득한 결과 대학에서의 무용 전공을 위해 무용을 연습하는 과정에서 개인의 잠재적 능력 적성이 올바로 식별되지 못했기 때문인 것으로 사료된다고 하였다. 적성을 고려하지 않고 획일적으로 대학 입시 준비를 하였기 때문에 개인적인 능력 창의성 발휘가 더욱 약화될 수밖에 없음을 알 수 있는 것이다. 또 무용과 학생들이 직업 선호 유형 분포도는

"48% : 카피라이터, 배우, 코디네이터

25% : 무용가, 조각가, 화가 및 관련 예술가

13% : 간호사, 의사, 마케팅 전문"[9]으로 나타났다.

교육 목적 이념과 실제가 부합이 되지 않으며 현실적으로 큰 괴리 현상을 낳고 있는 심리적, 환경적 부담과 더불어 적성의 비효과적, 비능률적 결과 또한 심한 스트레스를 낳고 정상적인 발전을 도모할 수 없는 것이 무용 교육의 현실이 아닌가 싶다.

손경순은 10명을 1군으로 하여 초중고등생의 무용 경험의 묘사와 분석을 통한 심리 분석을 하였는데

"초등학생은 1)즐거움·유희, 2)기쁨, 3)고통, 4)인내, 5)경쟁심, 6)기대감,
　　　　　　7)목적성 순서이며
중학생은　　1)기쁨, 2)고통, 3)인내, 4)자기 인식, 5)허무감,
　　　　　　6)외부와의 일체감, 7)자기 초월, 8)의식과 신체의 다변성,
　　　　　　9)경쟁심, 10)기대감, 11)목적성 순서로 나타냈고
고등학생은　1)기쁨과 희열, 2)고통, 3)인내, 4)자유로움, 5)자기 인식,
　　　　　　6)허무감, 7)공간 및 시간 의식, 8)자기 초월(의식, 신체 초월),
　　　　　　9)외부와의 일체감, 10)의식과 신체의 다변성, 11)기대감

순으로 응답했다."[10]

응답된 순으로 보아 고등학생 시절은 잘 관리, 운영, 지도하면 무용 교육이 이루고자 하는 목적을 성취할 수 있다는 것을 입증할 수 있는 자료인데, 실제로 앞서 밝혔듯이 입시 위주의 획일적 교육으로 말미암아 개인적인 재능과 창의성들이 성장 발달하지 못함을 재확인해 준 것이다. "무용수들이 받는 스트레스의 원인은 대체로 임금(경제적 여건)에 따른 문제, 집단 내 인간 관계에서 오는 문제 등이다"[11]라고 했으며 "무용수들은 무용의 본질인 자기 표현 그 표현을 통한 정신의 통일과 창작이란 가치 있는 활동을 하고자 하는 욕구가 집단 생활을 직면하게 되면서, 사회적 환경에 접하게 되면서 여러 가지 제반 여건들 때문에 충족시키지 못하고 좌절되는 수가 있다. 이러한 환경적 여건은 보다 나은 무용 생활을 하는 데 저해가 되므로 무용수들이 외적, 내적으로 받는 심리적 스트레스에 대하여 해소할 수 있는 대응책을 마련할 수 있다면 무용의 발전에

큰 도움이 될 것으로 생각한다"[12]고 하였다. "하나님은 우리가 전인격적인 사람이 되기를 원하신다. 즉, 몸과 마음과 영혼이 서로 다른 활동을 위해 구분되는 것이 아니라 그 모든 것이 하나로 그분의 목적에 헌신되기를 바라신다."[13] 또한 "천직(vocation)이라는 단어는 소명(calling)을 의미한다. 우리는 소명하면 목회자나 선교사로 부름 받은 사람들을 떠올리지만 종교개혁은 세속적인 직업도 하나님께서 주신 참된 소명일 수 있으며 하나님과 이웃을 섬기기에 합당하다는 것"[14]을 역설한다.

곧 전인격적으로 온몸과 마음과 정성과 뜻을 다해 하나님께 마치 목회자가 헌신하듯 하는 것이 예술이라는 것이다. 곧 그것이 천직이오, 소명자의 길인 것이다.

"…건강한 자에게는 의원이 쓸데없고 병든 자에게라야 쓸데있나니, 내가 의인을 부르러 온 것이 아니요 죄인을 불러 회개시키러 왔노라"(눅 5:31-32).

나도 과거에 이렇게 부르심을 받았듯이 아름답게 기쁨과 감사로 추어야 할 무용이 복잡한 교육 환경과 스트레스 , 공연 현장감 등 불안과 초조, 긴장감 등으로 평강을 누리지 못하는 교육 및 공연을 하고 있다는 것은 바로 선교의 대상인 것이다. 하나님의 시대에 집단으로 기쁨과 감사, 즐거움으로 우리의 주인 되신 하나님께 나아갔던 것처럼 세상 풍조로 인하여 형성된 예술이라는 명목 하에 움직임과 표현과 인체의 자유함을 잃어버렸다면 우리는 곧 회복을 기해야 할 것이다. 병든 자가 어떻게 세상에 나가서 표현을 할 수 있으며, 메시지를 전달할까, 예수님으로 인하여 치유함을 받고, 또 세상의 병든 자를 향하여 무용인들이 세상의 예배자로, 기도자로, 치유자로 서야 될 것이다.

3. 현 무용 교육의 영적 상태

진 에드워드 비이스는 "그리스도인에게 예술의 역할은 무엇인가"에서 예술에 대한 성경의 원칙을 다음과 같이 나타냈다.

"1. 예술은 하나님의 뜻 안에 있다.

2. 예술가라는 직업은 하나님께 부여받은 천직이라 할 수 있다.

3. 예술적 재능은 하나님의 은사이다.

또한 하나님께서 예술가들을 위한 은사를 주셨다고 했는데, 다음과 같다.

1. 성령 충만(출 35;31)

2. 재능(출 35:31)

3. 총명(출 35:31)

4. 지식(출 35:31)

5. 솜씨(출 35:31)

6. 가르침(출 35:34)"[15]이다.

성서적 배경을 통한 무용과 현 무용 교육의 양상을 통해서 무용 교육의 영적 상태를 진 에드워드 비이스의 분석과 같이 하나님 말씀에 비추어보면 현재 무용계는 성령 충만함, 재능, 총명, 지식, 솜씨, 가르침의 은사나, 하나님께로부터 모든 것이 말미암았다는 인식이 그리스도인이나 비그리스도인에게 부족하다는 것을 알 수 있다. 무용 교육의 양상은 대체적으로 외모 중심 교육, 물질 중심 교육, 기술 중심 교육, 입시 중심 교육 등으로 치우쳐 있으며 살아가기 위한 목적으로 인하여 생명 존중, 삶의 사랑, 이웃 사랑이 결여되어 있으므로 하나님의 참 사랑에서 벗어나고 있음을 알 수 있다.

경제 대국의 꿈이 IMF로 무너졌다. 마치 잘 세워진 건물 속에 낙담하는 우리들의 현실처럼 외관적으로 화려하게 때로는 멋있게, 예술적으로 다듬어진 무용인들의 내면은 영혼의 안식과 평강, 기쁨과 사랑을 잃어버리고 있는지도 모른다.

"예술은 유례없는 성공을 거두며 위세를 누리고 있음에도 불구하고 바람직하지 못한 길로 가고 있다. 예술은 엘리트주의가 되어 실제적인 인간 삶에서 절연되고 말았다. 그 결과 보통 사람들은 아름다움과는 관계없는 사람들로 방치되고, 예술가 진영은 선택된 소수들에게만 전수되는 비의적(秘儀的) 실험을 하는 자들이 되었다. 미적 탁월함은 상업주의, 사회적 신분 상승, 새로움만을 위한 새로움보다 열등하게 취급받았다. 나쁜 예술이 좋은 예술을 몰아내었다"[16]고 하였다. 또한 "현실적인 표층 생명만으로는 미를 발견해 낼 수 있는 창조 활동을 할 수 없다. 왜냐하면 미를 찾아낸다던가, 창조한다던가 하는 생명은 우리가 태어나면서부터 지니고 있는 순수하고 소박한 자유로운 생명이기 때문이다.

…자유로운 생명에는 표상적인 창조 활동력이 있고, 현실적인 생명에는 창조성을 뒷받침해 주는 표현력이 있다. 예를 들어 자유로운 생명을 생명의 두뇌라고 한다면, 현실적 생명은 생명의 수족이라고 볼 수 있다"[17]고 한 것처럼 현실성의 확대로 인해 진정한 생명이 위축되고 있음을 잘 나타내고 있다.

이렇듯 하나님께서는 "이는 하나님께서 외모로 사람을 취하지 아니하심이니라"(롬 2:11) 하시며 사람의 외관 또는 형식적인 행동이 그리 중요치 않음을 나타내셨다.

또한 "너희 몸은 너희가 하나님께로부터 받은 바 너희 가운데 계신 성령의 전인 줄을 알지 못하느냐 너희는 너희의 것이 아니라 값으로 산 것이 되었으니 그런즉 너희 몸으로 하나님께 영광을 돌리라"(고전 6:19-20)고 하시어 우리는 하나님의 것이며 우리의 행위, 표현 일체가 하나님께 있음을 말씀하셨다.

또 제자들에게 이르시되 "…그러므로 내가 너희에게 이르노니 너희 목숨을 위하여 무엇을 먹을까 몸을 위하여 무엇을 입을까 염려하지 말라 목숨이 음식보다 중하고 몸이 의복보다 중하니라 까마귀를 생각하라 심지도 아니하고 거두지도 아니하며 골방도 없고 창고도 없으되 하나님이 기르시나니 너희는 새보다 얼마나 더 귀하냐 또 너희 중에 누가 염려함으로 그 키를 한자나 더할 수 있느냐 그런즉 지극히 작은 것이라도 능치 못하거든 어찌 그 다른 것을 염려하느냐"(눅 12:22-26) 하시므로 무용 교육에서 외관의 염려, 장래의 염려, 세상적 염려에 치우치지 않도록 하셨다.

"고운 것도 거짓되고 아름다운 것도 헛되나 오직 여호와를 경외하는 여자는 칭찬을 받을 것이라"(잠 31:30) 하셨는데 무용의 참 아름다움의 본질을 정립하는 데 필요한 말씀이다.

또한 "사람의 마음의 교만은 멸망의 선봉이요 겸손은 존귀의 앞잡이니라"(잠 18:12)는 말씀을 통해 예술적 교만을 제어해야 할 것이다.

"가난한 자를 조롱하는 자는 이를 지으신 주를 멸시하는 자요…"(잠 17:5)라는 말씀에서 알 수 있듯이 물질 중심, 또는 돈의 노예가 되어 있는 듯한 무용 환경을 깊이 생각해 보아야 할 것이다.

"…지식을 미워하며 여호와 경외하기를 즐거워 하지 아니하며 나의 교훈을 받지 아니하고 나의 모든 책망을 업신여겼음이라 그러므로 자기 행위의 열매를 먹으며 자기 꾀에 배부르리라"(잠 1:29-31)라는 말씀처럼 지난날 무용의 동·서양 역사는 순탄한 길이 아니었다. 인류의 역사가 그러했던 것과 비슷하다고 보여진다. 썩어질 것을 위하여 수고하기 보다 영원한 것을 위하여 수고해야 한다. 사람은 죽으면 이름을 남기고, 호랑이는 죽으면 가죽을 남긴다고 한 것처럼, 우리의 행위의 결과는 무엇일까 깊이 생각해야 할 것이다.

보이는 것은 잠시이다. 보이지 않는 것이 영원한 것임을 우리는 역사를 통해서, 선진들이 애쓰고 힘쓴 헌신을 통해서, 가깝게는 부모님들의 헌신을 통해서 알 수 있다.

"사람아 주께서 선한 것이 무엇임을 네게 보이셨나니 여호와께서 네게 구하시는 것이 오직 공의를 행하며 인자를 사랑하며 겸손히 네 하나님과 함께 행하는 것이 아니냐"(미 6:8).

"인자가 온 것은 섬김을 받으려 함이 아니라 도리어 섬기려하고 자기 목숨을 많은 사람의 대속물로 주려 함이니라"(마 20:28)고 하셨다.

가정에서 부모, 자녀 간의 행하는 참 사랑의 본질이 교육 현장에서도 이루어져야 한다. 자녀가 잘되기 위해서 부모가 헌신하고, 경책하며, 인내하며 섬기듯, 분명한 진리로 사제지간이, 선후배 간이, 동료 간의 모든 만남과 무용계가 그러해야 할 것이다.

"가로되 나는 선지자 이사야의 말과 같이 주의 길을 곧게 하라고 광야에서 외치는 자의 소리로라 하니라"(요 1:23).

깊이 영적으로 골이 패어 있는 무용계를 평탄케 하기 위해 교육의 현장에서 만나는 자녀와 같은 그들에게 진리로 외쳐야 할 것이다.

톨스토이는 "예술이라는 것은 많은 사람들의 노력과 생명을 요구할 뿐만 아니라 경우에 따라서는 인간 상호 간의 애정까지 파괴하면서도 그 본질이 무엇인지는 명확하게 규정되어 있지 않을 뿐만 아니라 예술을 애호한다는 사람들 사이에서도 그 해석이 모순되기 때문에 일반적으로 예술이 무엇을 의미하는지 알 수 없다. 특히, 훌륭하고 유익한 예술, 그것을 위해서는 지금 치르고 있는 만큼의 희생을 바쳐도 좋다고 생각될 예술이란 과연 무엇을 의미하는지 쉽게 말할 수 없다"[18]고 하였다.

또 톨스토이는 진정한 과학을 정의하기를 "참으로 존경할만한 가치를 지닌 것은 무엇을 믿어야 하고 무엇을 믿어서는 안된다는 것을 아는 일, 사람들의 공동 생활은 어떻게 조직해야 하며 또 어떻게 조직해서는 안된다는 것을 아는 일, 성 관계를 어떻게 취급해야 할 것인가, 아이는 어떻게 교육할 것인가, 토지는 어떻게 이용할 것인가, 외국인을 대하거나 생물을 다룰 때는 어떻게 해야 할 것인가 하는 것 이외에도 인간 생활에 중요한 것을 좀더 많이 아는 일이다. 진정한 과학은 항상 이와 같은 것이었으며 또 당연한 그런 것이어야 한다"[19]고 하였듯이 인간의 행위와 삶을 진정으로 조성하고 지배하는 것은 우리의 가치 있는 의미 있는 생각, 마음, 즉 영혼의 발로라고 볼 수 있는 것이다.

"그런즉 누구든지 그리스도 안에 있으면 새로운 피조물이라 이전 것은 지나갔으니 보라 새것이 되었도다"(고후 5:17).

무용계의 구습의 썩어질 것들은 버리고 새 마음으로 새 영으로 거듭나기를 소망한다.

III. 결론

무용 교육에 있어서 선교의 필요성을 제시하기 위해 성서적 배경의 무용, 현재 무용 교육의 상태, 영적 분석 등을 통하여 연구한 결과 다음과 같은 결론을 맺는다.

1. 성서적 무용은 우리의 참 주인이신 하나님께 영광을 돌리며 기쁨과 감사,

경배와 찬양, 기도와 간구, 집단적 사랑과 나눔을 표현했지만 현재 무용 교육은 하나님을 인식하지 못하고 있으며 세상적인 소기의 목적과 개인적인 목적을 이루려는 과정 속에 있다.

2. 무용은 표현 예술이며 신체와 인격이 통합하여 이루는 종합 예술이기에 내면적 영적 상태를 무시한 결과는 인류, 사회, 개인 등의 발전에 효과를 기대할 수 없다. 무용을 배우는 학생들에게 있어 영적 황폐화는 다방면의 스트레스를 일으키고 결국 선교는 해결책의 하나로써 필수적인 것임을 알 수 있다.

3. 이론적 배경에서 언급하였듯이 현 무용 교육의 문제점들(이론과 실제의 부조화, 개념과 현상과의 괴리 등)을 해소하여 많은 대학 및 교육 기관, 그리고 인력이 투자되고 있는 좋은 여건들을 재생산해야 한다. 그리하여 좋아하는 춤에서 좋은 춤으로의 현상과 관객을 위한 국가관, 민족관, 사회관이 깃들어 있는 신앙적 총체성이 정립되어야 함을 알 수 있다.

이상의 결론을 통하여 온 세상에 복음을 전하는 것이 마땅하며 우리가 서 있는 곳에서 복음을 전하는 것이 또한 마땅하다는 하나님의 진리의 전제 하에, 기독교 및 천주교를 포함하여 기독인이 평균 50%라고 전제할 때, 특별히 하나님께서 주신 신체와 영으로 삶과 무용 예술 속에 선교적 자세로 임하는 것은 당연하다고 볼 수 있을 것이다.

이 글을 마치게 하신 하나님께 감사드립니다.

● 미주

1. 박황숙, 기독교 전통과 무용(성서 안에서의 무용을 중심으로), 이화 여자 대학교 대학원 석사학위논문, 1986, p.1.

2. 박황숙, 앞의 글, pp.12~32.

3. C.작스, 세계 무용사, 김매자 옮김, 도서출판 풀빛, 1983, p.16.

4. 권경화, 학습수행효과를 위한 대학 무용과의 교과과정의 시설, 설비 환경에 관한 연구, 숙명 여자 대학교 대학원 석사학위논문, 1999, p.6.

5. 김이경, 무용교육의 질적향상을 위한 교육 과정개선 방안에 관한 연구, 숙명 여자 대학교 대학원 석사학위논문, 1996, p.43.

6. 최경희, 한국대학 무용(학)과의 특성화를 위한 교육과정 개발에 관한 연구, 이화 여자 대학교 대학원 박사학위논문, 1999, p.101.

7. 최경희, 위의 글, p.98.

8. 신지혜, 여자 무용전공자들의 적성 및 직업 선호도 분석, 숙명 여자 대학교 교육대학원 석사학위논문, 1999, p.33.

9. 신지혜, 위의 글, p.35.

10. 손경순, 무용교육의 필요성과 무용교육과정 모형설계의 방향 모색, 한국무용연구 제1집, 1982, pp.21~32.

11. 강미선, 무용수의 스트레스에 관한 진단 연구, 이화 여자 대학교 대학원 석사학위논문, 1986, p.16.

12. 메들린 배리(Madeleine Berry), 조계인 옮김, 몸으로 드리는 예배, 나침반, 1993, pp.6~7.

13. 진 에드워드 비이스, 그리스도인에게 예술의 역할은 무엇인가, 나침반, 1994, p.169.

14. 진 에드워드 비이스, 앞의 글, pp.167~169.

15. 진 에드워드 비이스, 앞의 글, pp.167~169.

16. 진 에드워드 비이스, 위의 글, pp.167~169.

17. 소림신차, 김경자, 정화자 옮김, 무용미학, 고려원, 1990, p.12.

18. 톨스토이, 이철 옮김, 예술이란 무엇인가, 범우사, 1989, p.22.

19. 톨스토이, 위의 글, p.225.

● 참고문헌

1. 박황숙, 기독교 전통과 무용(성서 안에서의 무용을 중심으로), 이화 여자 대학교 대학원 석사학위논문, 1986.

2. C. 작스, 세계무용사, 김매자(역), 도서출판 풀빛, 1983.

3. 권경화, 학습수행효과를 위한 대학 무용과의 교과과정과 시설, 설비 환경에 관한 연구, 숙명 여자 대학교 대학원, 석사학위논문, 1999.

4. 김이경, 무용교육의 질적향상을 위한 교육 과정개선 방안에 관한 연구, 숙명 여자 대학교 대학원 석사학위논문, 1996.

5. 최경회, 한국대학 무용(학)과의 특성화를 위한 교육과정 개발에 관한 연구, 이화 여자 대학교 대학원 박사학위논문, 1999.

6. 신지혜, 여자무용전공자들의 적성 및 직업 선호도 분석, 숙명 여자 대학교 교육대학원 석사학위논문, 1999.

7. 손경순, 무용교육의 필요성과 무용교육과정 모형설계의 방향 모색, 한국무용연구 제1집, 1982.

8. 강미선, 무용수의 스트레스에 관한 진단 연구, 이화 여자 대학교 대학원 석사학위논문, 1986.

9. 양진숙, 무용수를 위한 심리적 기술 훈련, 숙명 여자 대학교 교육대학원 석사학위논문, 1993.

10. 메들린 배리(Madeleine Berry), 조계인 옮김, 몸으로 드리는 예배, 나침반, 1993.

11. 진에드워드 비이스, 그리스도인에게 예술의 역할은 무엇인가, 나침반, 1994.

12. 소림신차(小林信次), 김경자, 정화자역, 무용미학, 고려원, 1990.

13. 톨스토이, 이철 번역, 예술이란 무엇인가, 범우사, 1989.

책을 맺으며

　초판을 기쁜 마음으로 수용하시고 세상에 내놓는데 아낌없이 후원하셨던 프레이즈 예술신학교 박연훈 목사님께 출판사 변경 건에 대해 의논하였을 때 흔쾌히 허락을 하셨습니다.

　척박한 이 땅에서 기독교 예술의 씨앗을 뿌리시려고 무던히도 애쓰셨지만 여러 차례의 어려움 끝에 다시 도전하시며 심기일전하시는 모습에 마음의 감동이 컸습니다.

　지난 날, 주님 앞에 무릎 꿇어 기도하였던, 그리고 그 사명의 길을 주님께서 잘 인도하여 주시는 가운데 번창하고 있는 양무리들을 생각하며 힘을 내시기를 기도합니다.

　저의 이러한 믿음의 길에 늘 함께 하셨던 사랑하는 남편 최태환 장로님과 미국에 거주하며 신앙의 길을 걸어가는 이병걸 사위와 딸 최정영, 최진석 아들과 구지연 며느리에게도 감사한 마음을 전하고 싶습니다. 또한 어렵고 힘들었던 믿음의 길을 25년간 함께 해 준 아르곤댄스협회구 한국선교무용예술원의 전 회원들에게도 진심으로 격려와 사랑의 마음을 전합니다.

끝으로 본서가 재출판 하는 데에 기꺼이 수락하시고 힘써 주신 혜민북스 의 진수진 사장님과 그 직원분들과 제 곁에 늘 있었던 김수진 제자와 숙명여자대학교 조교 장유빈에게 도 감사와 사랑의 마음을 전합니다.

한 알의 밀이 땅에 떨어져 많은 열매를 맺듯, 예수님! 한 분이 모든 인류의 죄악을 담당하시고 오늘날에도 부활의 영으로, 성령 보혜사로 함께 하시므로 어둠에 있는 만백성들이 빛 가운데 나오게 하시는 오병이어의 역사가 작은 글이지만 본서를 통하여 또 이루어지기를 기도하며 모든 영광 주님께 올려 드립니다.

2012년 12월

박 순 자

아름다운 춤
성령의 춤

아름다운 춤
성령의 춤